새로 쓰는
초등
수학 교과서

새로 쓰는 초등 수학 교과서
확률과 통계

ⓒ나온교육연구소, 2008

초판 1쇄 펴낸 날 | 2008년 8월 4일
초판 3쇄 펴낸 날 | 2018년 12월 20일

지은이 | 나온교육연구소
펴낸이 | 이건복
펴낸곳 | 도서출판 동녘

등록 | 제311-1980-01호 1980년 3월 25일
주소 | (10881) 경기도 파주시 회동길 77-26
전화 | 영업 031-955-3000 편집 031-955-3005 전송 031-955-3009
블로그 | www.dongnyok.com   전자우편 | editor@dongnyok.com

ISBN 978-89-7297-573-1 (73410)
ISBN 978-89-7297-532-8 (세트)

*잘못 만들어진 책은 바꿔드립니다.
*책에 실린 자료의 저작권 문제 해결을 위해 최선의 노력을 다했지만, 누락된 것이 있을 경우 알려주시면 해당 저작권자와 적법한 계약을 맺을 것입니다.

*이 도서의 국립중앙도서관 출판예정도서목록(CIP)은 서지정보유통지원시스템 홈페이지(http://seoji.nl.go.kr)와 국가자료종합목록시스템(http://www.nl.go.kr/kolisnet)에서 이용하실 수 있습니다. (CIP제어번호 : CIP2008002352)

새로 쓰는

초등 수학 교과서

확률과 통계

박영훈 책임집필 · 나온교육연구소 지음

동녘주니어

어린 수학자들에게

《새로 쓰는 초등 수학 교과서》에 발을 디딘 어린이 여러분을 환영합니다. 책 이름이 왜《새로 쓰는 초등 수학 교과서》일까요? 첫 장을 펼치면서 보통 수학 책과는 다르다고 느낄 거예요. 때로는 초원의 목장에서, 인도네시아의 발리 섬에서, 백화점에서, 그리고 이상한 나라의 앨리스가 여러분을 수학의 세계로 초대하니까요.

수학도 다른 과목처럼 우리 생활과 밀접한 관련이 있는 과목입니다. 그래서 일상생활에서 수학을 시작하고 자연스럽게 수학의 세계를 찾아갈 수 있도록 이 책을 꾸몄답니다. 책 여행을 마칠 때쯤이면 우리가 살고 있는 세상이 좀 더 새로운 모습으로 나타날 거예요. 또한 수학자들이 느꼈던 놀라운 자연의 법칙과, 수학자들이 만들어 놓은 수학의 법칙이 가득 들어 있는 세상을 마음껏 느낄 수 있겠지요.

새로운 수학이니까 새로운 방법으로 공부해야겠지요?
우선 이야기를 많이 하세요. 생각나는 대로 많은 이야기를 펼쳐 놓으세요. 그리고 다른 사람의 이야기를 귀 기울여 들으세요. 부모님, 선생님, 그리고 다른 친구가 하는 이야기를 잘 들어 보세요. 잘 듣는 사람이 이야기도 잘 할 수 있답니다.

그 다음은 많이 읽으세요. 읽으면서 상상의 나래를 펼쳐 보세요. 그리고 써 보세요. 생각나는 대로 자꾸 쓰다 보면 어느새 여러분의 실력이 쑥쑥 올라갑니다.

《새로 쓰는 초등 수학 교과서》를 펼치고 수학 공부를 새롭게 하는 모습을 떠올리면서 여러분 모두가 어린 수학자가 되기를 바랍니다.

2008년 8월
박영훈

이 책을 활용하는 방법

본문+활동지

이 책에 있는 삽화들, 본문의 글들에는 문제를 풀 수 있는 열쇠들이 숨어 있답니다. 그러므로 삽화들이나 본문의 글들을 그냥 지나치면 안돼요. 꼼꼼히 살펴보세요. 그리고 활동지를 이용할 때에는 책과 함께 놓고 이용하세요. 여러 문제들에 하나의 활동지를 이용할 수도 있으니까 버리지 말고 잘 보관해 둡니다.

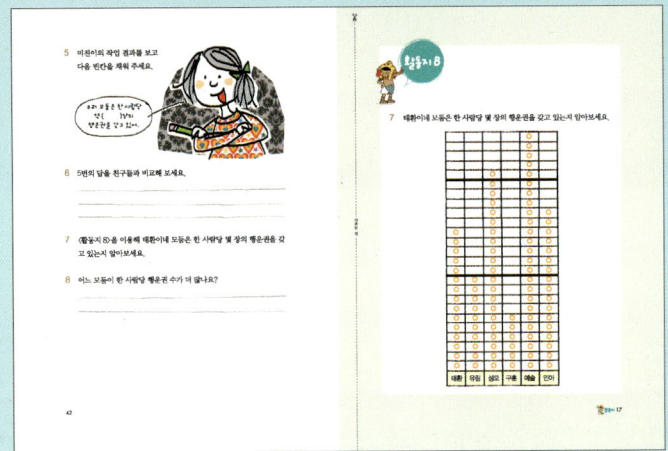

연습 문제

여러분이 배운 내용을 다시 한 번 풀어보는 시간입니다. 본문에서 접했던 상황과 다른 상황에서의 문제를 풀어보면서 실력을 다져가는 부분입니다. 너무 어렵다고 생각되세요? 그렇다면 본문으로 돌아가 어떻게 문제를 해결했는지 꼼꼼히 살펴보세요.

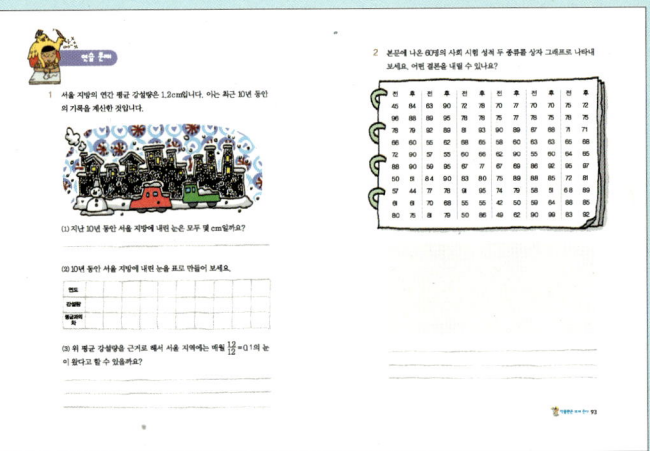

내 이름은 호루스랍니다.
나는 고대 이집트에서 태양신으로 숭배를 받았지요.
아버지는 죽음과 부활의 신 오시리스이고 어머니는 여신
이시스이지요. 내 머리에 있는 매의 날카로움과 강인함으로
여러분과 함께 수학의 세상을 헤쳐 나가려고 합니다.
지금부터는 여러분의 친구가 될게요.
여러분 반갑습니다.

상상+논술

여러분이 배운 내용과 관련 있는 그림입니다. 배운 내용으로 재미있는 글을 써 보세요. 문제만 푸는 것이 수학은 아니랍니다. 글 또는 이야기로 수학을 표현할 수 있다면 더욱 좋겠지요. 연습해 보세요. 요즘 많이들 이야기 하는 수리논술, 논술, 구술이 바로 이런 거랍니다. 너무 어려워하지 마세요.

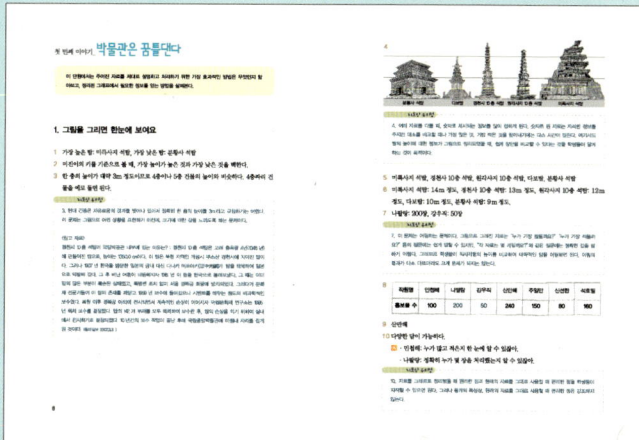

길잡이 책

길잡이 책은 부모님이 보는 책입니다. 《새로 쓰는 초등 수학 교과서》를 아이들이 어떻게 보고 풀어야 하는지에 대한 지도 방향이 나와 있습니다. 부모님이 생각하기에 수학문제답지 않은 것도 있습니다. 그러나 이것들은 아이들이 수학적인 상황에 다가가게 하기 위한 기초 문제로, 부모님께서 도와 주셔도 좋습니다.

저자 소개

오혜정 선생님

학생들이 수학을 통해 세상을 보도록 하자! 세상을 보기 위한 수학을 만들어보자! 이런 마음들이 모여서 이 작업을 시작했습니다. 수학의 목적이 문제풀이일 수 없으며, 수학책은 공식을 유형별로 정리하여 그것을 암기시키는 장치가 아니라는 사실을 알려주고 싶었습니다. 어렵고 힘든 작업이었던 만큼, 제 자신도 얻은 것이 많았습니다. 저 역시 수학을 통해 세상을 본다는 것이 무엇인지 다시 생각할 수 있는 기회였습니다. 우리가 만든 이 작품을 통해 수학을 문제풀이라고 생각하는 많은 친구들에게 새로운 얘기를 들려주고 싶습니다. 수학은 세상을 보는 나침반이라는 것을.

배수경 선생님

그냥 공식을 외우고 숫자를 집어넣어 답을 구해내는 과정을 수학이라고 생각하는 친구들이 많습니다. 하지만 그런 생각에서 벗어나지 않으면 수학은 그야말로 알 수 없는 외계어로 쏟아대는 무서운 괴물과도 같지요. 수학도 처음에는 우리 주위의 거칠고 다듬어지지 않은 작은 것에서 씨앗을 틔워, 논리적으로 생각하는 힘에 의해 예쁘게 열매를 맺는 것입니다. 왜 그런지 그 근원부터 차근차근 설명해 준다면, 생각할 줄 아는 우리 친구들은 누구나 아하~! 하고 고개를 끄덕이게 될 거라는 믿음을 갖고 이 책을 만들었습니다.

이미경 선생님

아이들이 정말 즐겁게 공부할 수 있는 수학책이 없을까? 오랜 시간 그런 수학책이 출간되기를 염원했습니다. 여러 선생님들과 1년이 넘는 시간을 함께 고민하고 만들었습니다. 아이디어가 떠오르지 않아 머리를 쥐어뜯던 시간들은 힘들었지만 한편으로는 즐거운 시간이었습니다. 여러분들도 그 즐거운 고통을 함께 느껴 보세요.

박영훈 선생님

우리나라는 짧은 시간 내에 선진국으로 진입을 앞둔 성공적인 나라로 세계 사람들이 인정하고 있습니다. 이는 국가가 주도한 덕택입니다. 하지만 이제는 환경, 경제, 정치 등의 여러 분야에서 국가를 제치고 시민들이 발 벗고 나서기 시작했습니다. 교육도 예외일 수는 없죠. 대안학교를 비롯한 교육의 여러 분야에서 시민들의 활동이 눈에 보이기 시작했습니다. 잡다한 수학의 뒷이야기들만 모아 감성에만 호소하는 책들이 서점에 널려있는 것을 안타깝게 생각하던 선생님들이 모였습니다. 그래서 이 책을 국가가 아닌 시민들이 만든 수학 교과서라고 자랑스럽게 소개합니다. 이 책은 몇몇 분들이 책상에 모여 앉아 머리로만 만들었던 그런 교과서가 아닙니다. 직접 교실에서 우리의 아이들과 함께 토론하며 완성한 책입니다. 이를 위해 이형원 선생님과 정은주 선생님이 수고해 주셨으며, 함께 토론에 참가한 아이들에게도 감사의 말을 전합니다.

여태경 선생님

서점에 가면 '수학'이라는 말이 들어있는 책에 가장 먼저 눈이 갑니다. 신문을 볼 때도 '수학'이라는 말이 있으면 모두 오려 둡니다. 생활 속의 수학은 어찌도 그리 쉽고 재미있는지요. 하지만 교실에서의 수학은 왜 그리도 지루하고 따분한지요. 친근한 수학책을 쓰고 싶었습니다. 머리가 아프지 않은 수학책을 만들고 싶었습니다. 그래서 즐겁고 재미있고 친근한 수학을 여기에 소개합니다.

안수진 선생님

수학을 왜 배울까 질문하는 학생들에게 대답을 해주는 책을 만들고자 했습니다. 아이들이 생활 속에서 혹은 상상할 수 있는 상황 속에서 수학적인 개념을 직접 만들어 나갈 때, 아이들에게 수학적인 힘과 사고하는 힘이 생길 것이라고 생각합니다.

이 책을 감수한 아이들과 선생님

서현주

《새로 쓰는 초등 수학 교과서》는 신기한데, 왜냐하면 답이 여러 개이기 때문이다. 나는 지금까지 말로 하지 않고 답이 한 개인 수학 문제집만 풀었다. 《새로 쓰는 초등 수학 교과서》를 공부하면서 얘기를 하기 때문에 친구들한테서 배울 수 있다. 그래서 우리에게 많은 도움이 된다.

이윤희

《새로 쓰는 초등 수학 교과서》를 공부하면서 항상 발표하고 글을 쓰기 때문에 재미있다. 내 꿈은 작가인데 여기 있는 상상+논술 덕분에 글 쓰는 실력을 기를 수 있어서 참 좋다.

고민성

처음엔 수학이 딱딱하다고만 생각하였다. 답은 하나인 줄 알아서. 그런데 《새로 쓰는 초등 수학 교과서》를 배우면서 '답은 하나가 아니다!'란걸 알았다. 그러면서 수학은 허물어졌다. 딱딱했던 수학! 이젠 허물어졌으니 즐겨보자!

정은주 선생님

현재 대입은 수능뿐만 아니라 통합 논술까지 준비해야 합니다. 통합 논술에 대비하기 위해서는 언어 논술 이외에 사회 현상이나 과학 현상을 수리적으로 표현하는 법을 배워야 합니다. 학생들은 수능에 출제된 문제 중에서 수학 외적인 방법으로 풀어야하는 문제를 가장 어려워합니다. 그런데《새로 쓰는 초등 수학 교과서》가 제시하는 공부법은 현실과 비슷한 상황 속에서 수학 개념을 도출해 내도록 하기 때문에, 지금 우리의 아이들에게 꼭 필요한 수학책이라고 생각합니다. 또한 요즘 학원에서 배우는 수학은 연산 연습으로 그치는 경우가 많은데,《새로 쓰는 초등 수학 교과서》가 제시한 방법은 수학의 가장 중요한 요소인 '생각하는 힘'을 기르는데도 많은 도움이 됩니다. 감성과 이성을 모두 기를 수 있는 공부, 이것이 바로《새로 쓰는 초등 수학 교과서》입니다.

정영라

《새로 쓰는 초등 수학 교과서》는 참 재미있다. 특히 상상+논술은 아이들이 가끔씩 특이한 이야기를 만들어 와서 그때마다 웃음 바이러스에 걸린 것처럼 박장대소한다. 그리고 이것은 생각을 많이 해야 되기 때문에 상상력이 풍부해진다.

홍성룡

《새로 쓰는 초등 수학 교과서》는 신기하고 재미있다. 수학 공부를 하면서 친구들과 얘기하고 발표하면서 식을 쓰고 답을 말한다. 그리고 문제도 어렵지 않다.

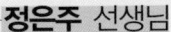

차례

첫 번째 이야기_ 박물관은 꿈틀댄다

1. 그림을 그리면 한눈에 보여요 · 16

2. 비슷한 자료를 모아서 · 28

3. 원으로 표현해요 · 32

4. 가장 대표적인 수, 평균 · 38

5. 선으로 그려요 · 48

두 번째 이야기_ 박물관은 보여 준다

1. 과연 효과가 있을까? · 64

2. 키가 크면 팔도 길다? · 70

3. 유능한 선생님이 필요해 · 74

4. 평균에 대하여 · 84

5. 상자로 나타내 보자 · 88

세 번째 이야기_ **박물관은 진화한다**

1. 어떤 것이 공정한가? · 98
2. 가능성에 대하여 · 106
3. 몇 가지나 있을까? · 114
4. 즐거운 놀이 · 122

첫 번째
이야기
박물관은 꿈틀댄다

하루의 시작을 함께하는 신문 지면이나 일상을 마무리하는
저녁 텔레비전 뉴스 속에서 그래프를 발견하기란 어렵지 않습니다.
어떤 정보를 알리기 위해서 말보다 오히려 그림 몇 개가
더 빠를 수 있습니다. 자, 내 앞에 있는 사람에게 뭔가를
알려주고 싶다면, 어떻게 표현해야 할까요?

1. 그림을 그리면 한눈에 보여요

박물관 행사 담당 직원인 이행사 씨는 방학을 맞은 학생들을 위해 '한국의 탑 다시 보기'를 기획했습니다.

학생들은 우리나라의 유명한 탑을 조사한 후, 한 가지 주제에 따라 정리된 내용을 발표합니다.
이 행사에 참여하고 있는 미진이는 지금까지 여러 사찰을 다니며 찍어 두었던 사진을 꺼내 보았습니다.

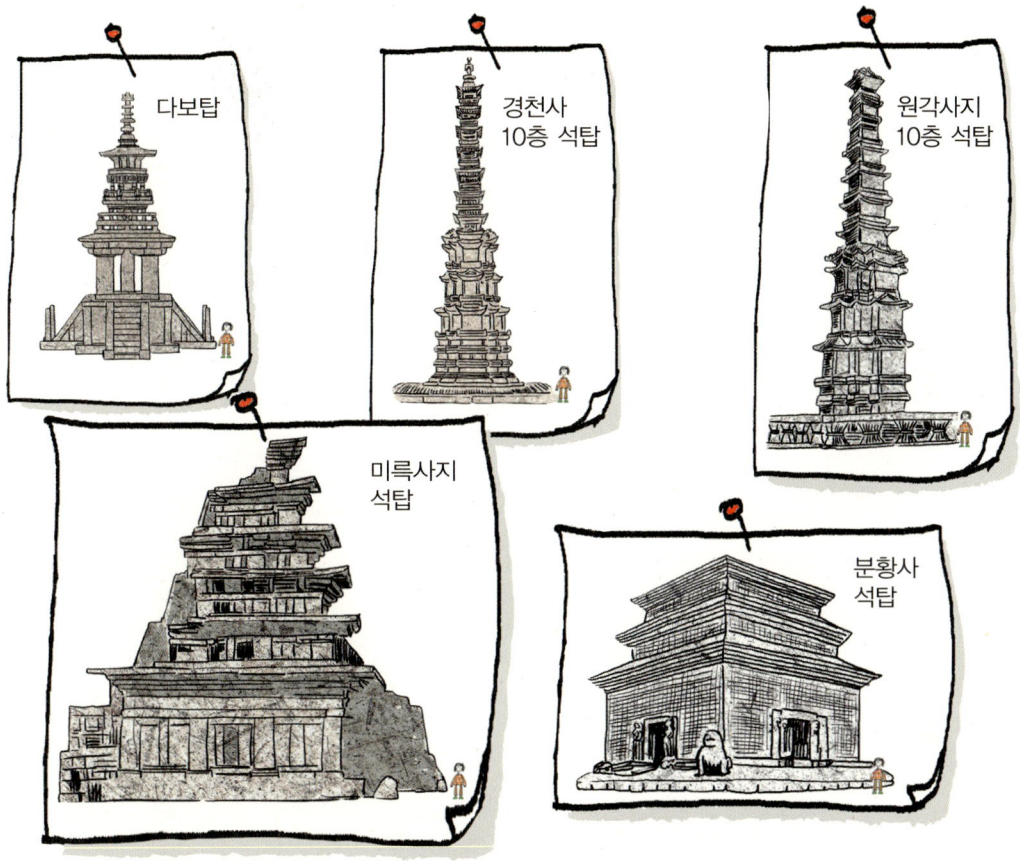

1   위 사진을 보고 가장 높은 탑과 가장 낮은 탑을 골라 보세요.

2   왜 그렇게 생각하는지 이유를 말해 보세요.

미진이는 각 탑의 자료를 찾아 정리했습니다. 다음은 경천사 10층 석탑에 대한 내용입니다.

경천사 10층 석탑
탑신에 고려 충목왕 4년(1348)에 세워졌다는 기록이 있다. 높이는 1350.0cm이며, 원나라의 영향으로 한국의 전형적인 탑 형식과는 다른 모습이다.

3 건물 한 층의 높이는 대략 3m 정도입니다. 경천사 10층 석탑의 높이와 비슷한 높이의 건물을 주위에서 찾아 보세요.

미진이는 사진에 있는 탑의 시대적인 배경을 조사하고 연표를 작성하기로 했습니다.

4 〈활동지 2〉의 탑 그림을 오려서 〈활동지 1〉에 붙여 보세요.

5 탑의 높이가 가장 높은 것부터 차례대로 말해 보세요.
   _____
   _____

6 4번 문제에서 만든 활동지를 보고 각 탑의 높이를 어림해 보세요.
   _____
   _____

박물관에서는 다음달 특별 전시 행사로 '한국의 미'를 기획하고 박물관을 방문하는 사람들에게 홍보물을 배부하고 있습니다. 홍보팀의 민첩해, 나팔랑, 강우직 씨는 그림과 같이 홍보물을 받았습니다.

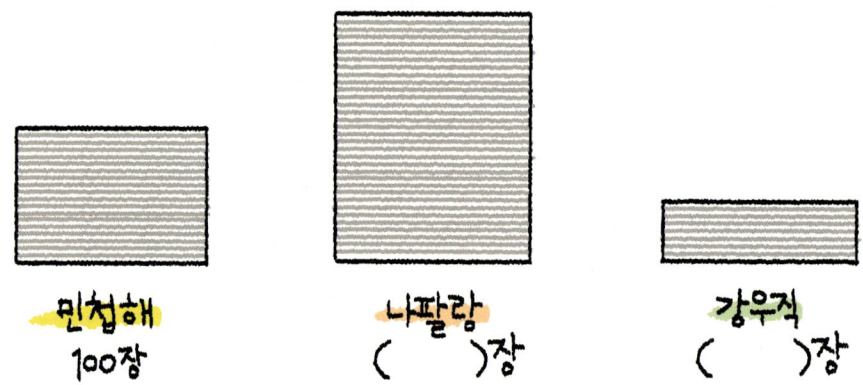

7 나팔랑 씨와 강우직 씨가 받은 홍보물은 모두 몇 장일까요? 어림해 보세요.
   _____
   _____

8 아래 표는 다른 직원이 받은 홍보물의 수를 나타내고 있습니다. 표를 완성해 보세요.

직원명	민첩해	나팔랑	강우직	산만해	주일만	신선한	석호필
홍보물 수	100			240	150	80	160

9 가장 많은 수의 홍보물을 배정받은 사람은 누구인가요?

표와 그림을 비교해 본 민첩해 씨는 그림이 더 편하다고 하고, 나팔랑 씨는 표가 더 좋다고 하네요.

10 민첩해 씨와 나팔랑 씨의 대화를 완성해 주세요.

민첩해 씨는 표를 보고 아래와 같이 그래프를 그렸습니다.

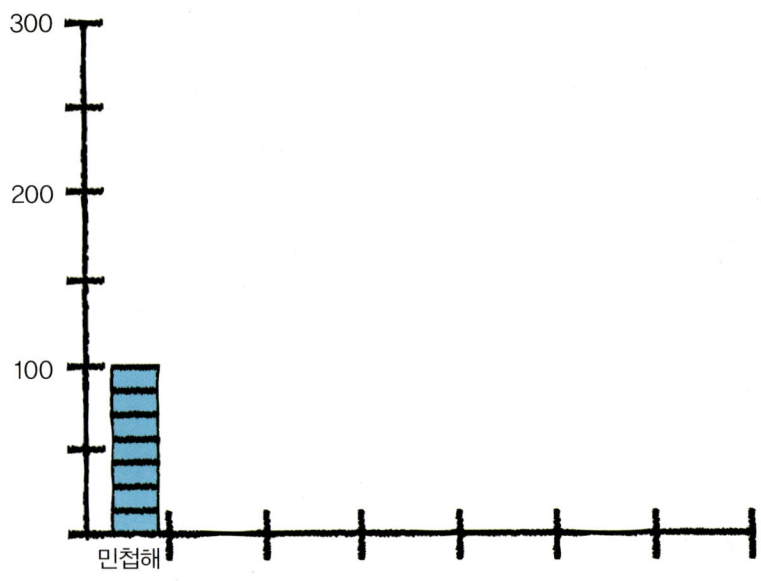

11 그래프에서 가로축은 무엇을 나타낼까요? 또, 세로축은 무엇을 나타낼까요?

12 표를 보고 그래프를 완성해 보세요. 〈활동지 3〉을 이용합니다.

13 그래프에 제목을 붙여 보세요. 친구들이 붙인 제목과 비교해 보세요.

며칠 전 견습 직원으로 들어온 나미리 씨는 무려 520장의 홍보물을 배정받아 모두 돌렸다고 하는군요.

14 나미리 씨의 결과도 그래프에 표시하려고 합니다. 그래프를 수정해서 그려 보세요. 〈활동지 3〉을 이용합니다.

6174에 숨은 비밀

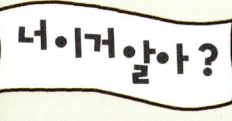

0부터 9까지의 수 중에서 네 개를 고릅니다. 예를 들어, 2, 3, 7, 9를 선택했습니다. 그렇다면 이 네 개의 숫자로 만들 수 있는 가장 큰 수와 가장 작은 수를 만들어 보세요.

가장 큰 수 : 9732   가장 작은 수 : 3279

```
  9732
- 2379
------
  7353
```

이 7353의 숫자를 가지고 똑같이 위의 과정을 반복합니다.

```
  7533            7641
- 3357    ⇒    - 1467
------          ------
  4176            6174
```

드디어 6174의 값을 얻었습니다. 어떤 수를 선택해도 6174의 값을 얻을 수 있답니다. 다른 수를 가지고 한번 해 보세요.

박물관에서는 여러 프로그램에 참여하는 학생들을 위해 행운권을 발행합니다. 행운권을 20개 이상 모으면, 다음 행사에 무료로 참여할 수 있는 혜택이 주어집니다.

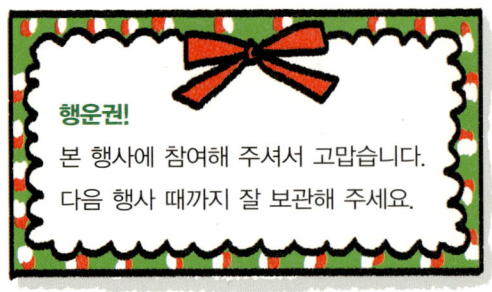

행운권!
본 행사에 참여해 주셔서 고맙습니다.
다음 행사 때까지 잘 보관해 주세요.

미진: 내 행운권은 열 개야.

진영: 난 너보다 네 개가 더 많아.

하늘: 난 진영이의 두 배야.

경미: 미진이보다 두 개 적어.

호영: 경미의 것과 진영이를 합한 것과 같아.

진주: 난 경미의 세 배인걸.

우진: 으앙! 내 껀 어디 갔지? 모두 없어졌어. 잃어버렸나봐.

상길: 진영이의 절반밖에 안돼.

15 누가 가장 많은 수의 행운권을 갖고 있나요? 또, 누가 가장 적은 수의 행운권을 갖고 있나요?

16 비슷한 수의 행운권을 갖고 있는 학생은 누구누구인가요?

막대그래프를 이용하면 어떤 자료의 많고 적음을 비교할 때 아주 편리합니다.

17 앞의 내용을 막대그래프에 나타내려고 합니다. 가로축과 세로축에 알맞은 이름을 붙여 보세요.

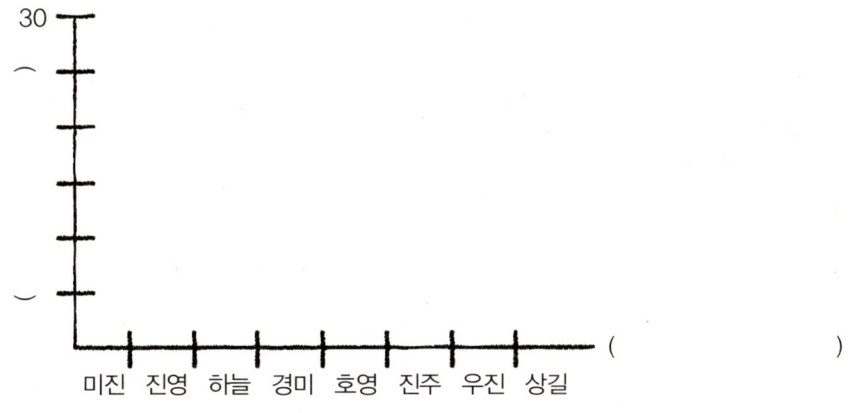

18 위의 막대그래프를 완성해 보세요. 〈활동지 4〉를 이용합니다.

19 행운권이 가장 많은 사람은 누구인가요?

20 행운권이 가장 적은 사람은 누구인가요?

21 행운권의 수가 비슷한 사람은 누구인가요?

하늘이는 위의 자료를 아래 그림과 같이 나타냈습니다.

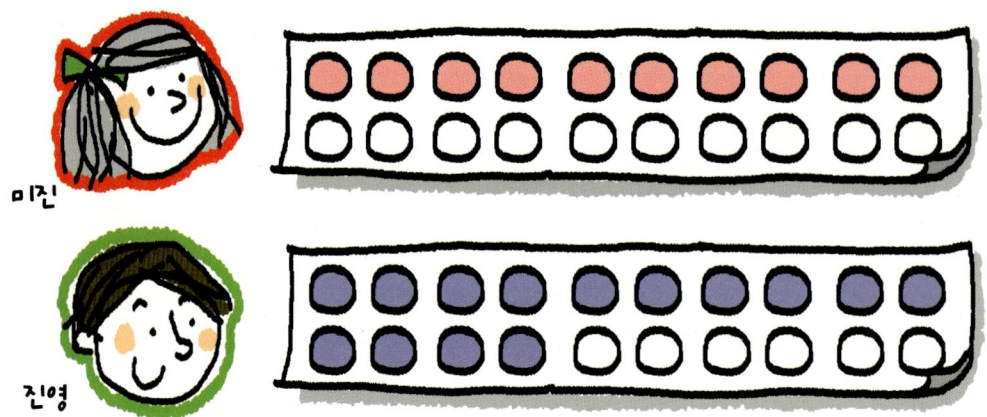

22 위의 자료를 다른 모양의 그래프로 나타내 보세요. 만든 그래프를 친구들과 비교해 봅시다.

잘못된 결론

- 통계에 따르면 안전 속도로 달리는 자동차들이 시속 150km이상의 고속으로 달리는 자동차보다 교통사고가 더 많이 난다고 합니다. 따라서 안전 속도로 달리는 것보다는 고속으로 운전하는 것이 안전합니다.
- 보고서에 따르면 이 지역의 밀가루 소비가 갑자기 늘어나고, 동시에 암 환자 수도 증가되는 것으로 밝혀졌다고 합니다. 밀가루 소비에 따라 암 발생 확률이 높은 것으로 나타났습니다.
- 최근의 한 연구에 따르면 유명한 수학자들의 대부분은 장남(또는 장녀)라고 합니다. 장남이나 장녀가 다른 형제들보다 두뇌가 훨씬 명석한 것으로 나타났습니다.

위의 기사 내용에 동의 하나요?
"아니오!"라고 대답할 수 있다면 여러분은 통계의 오류를 제대로 알고 있는 것입니다.

교통사고에 대한 기사를 한번 생각해 볼까요? 대부분의 운전자들은 150km 이상의 고속으로 운전하지 않습니다. 규정 속도를 지켜서 운전하지요. 따라서 교통사고의 횟수를 살펴보면 많은 사람이 속해있는 보통 속도의 운전자들에게서 사고가 더 많이 일어난 것은 당연합니다. 예를 들면, 100명 중에 '탁' 씨를 찾는 것보다는 10만명이 있는 중에 '탁' 씨를 찾아보면 더 많은 수를 찾을 수 있는 것과 같은 원리랍니다.

다음으로 밀가루와 암이 어떤 관계가 있는지 생각해 봅시다.
그런데 그전에 암의 발병률이 높아진 원인을 알아보아야 할 것입니다. 일단 현대에는 의학 기술의 발달로 노령화된 인구가 많고, 암은 나이가 많아질수록 발병율이 높습니다. 따라서 그 지역의 노인 인구를 한번 살펴볼 필요가 있습니다. 만약 조사한 기간 동안 노인 인구가 현저히 늘어났다고 한다면, 밀가루보다는 노인 인구의 증가로 인해 암 환자수가 늘어났다고 보는 것이 맞겠지요.

마지막으로 장남과 장녀는 두뇌가 명석하다는 결론을 살펴봅시다.
요즘은 가구당 자녀 수가 1~2명인 경우가 많지요. 그러니까 누구나 장녀, 장남인 동시에 막내일 수도 있답니다. 굳이 수학자들을 조사하지 않더라도 우리 주변에는 장남이나 장녀가 많을 수밖에 없는 것이죠.
여러분의 학급을 한번 조사해 보세요.
장녀, 장남, 차녀, 차남, 막내 이렇게 나누어 조사해 보세요. 어떤 결과가 나오나요?

이렇게 아무 관계가 없으면서 그럴듯한 관계가 있는 것처럼 보이는 통계 자료의 예는 우리 주변에서 많이 찾아볼 수 있습니다.

2. 비슷한 자료를 모아서

미진이네 반은 신체 검사 시간에 키를 쟀습니다. 키를 다 잰 후, 반에서 가장 키가 큰 영욱이가 자랑스럽게 말했습니다.

그러자 반 아이들 모두 자신의 키를 표시하기 시작했습니다. 오른쪽은 그 결과입니다.

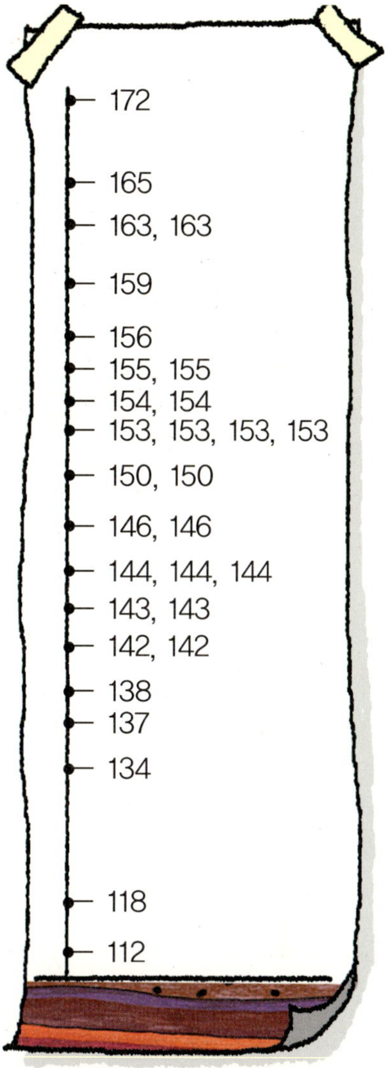

- 172
- 165
- 163, 163
- 159
- 156
- 155, 155
- 154, 154
- 153, 153, 153, 153
- 150, 150
- 146, 146
- 144, 144, 144
- 143, 143
- 142, 142
- 138
- 137
- 134
- 118
- 112

1. 수직선 그림을 보고 미진이네 반 학생들의 키에 대해서 말해봅시다. 어떤 점을 설명할 수 있을까요?

2. 가장 많이 나타나는 키는 몇 cm인가요?

3. 미진이네 반에서 가장 큰 키는 몇 cm인가요? 가장 작은 키는요?

4. 중간쯤 되는 학생은 키가 몇 cm인가요? 2번 문제의 결과와 비교해 보세요. (자료의 개수가 짝수이면 그 값은 두 개가 됩니다)

수직선 그림을 본 미진이는 불만스럽게 말했습니다.

아래의 표는 미진이가 비슷한 기록끼리 모아서 정리한 것입니다.

키(cm)	110이상 ~120미만	120이상 ~130미만	130이상 ~140미만	140이상 ~150미만	150이상 ~160미만	160이상 ~170미만	170이상 ~180미만
학생 수	2						

5 표의 빈칸을 채워 보세요.

6 위의 표와 벽에 그린 그림의 다른 점과 같은 점을 말해 보세요.

7 여러분이 입고 있는 옷의 크기를 알아봅시다(옷의 뒷부분에 작은 헝겊 모양으로 붙어있습니다). 그 숫자는 무엇을 의미할까요?

8 만약 교내 체육 대회에서 반 티셔츠를 주문해야 한다면 미진이네 반은 어떤 크기의 옷을 주문해야 할까요? 주문한 옷을 최대한 빨리 받기 위해 세 가지 크기만 주문한다고 할 때, 주문하는 방법을 설명해 보세요.

9 교실 밖에 키가 대략 130cm정도로 보이는 학생이 지나가고 있습니다. 이 학생은 미진이와 같은 학년이라고 할 수 있을까요? 그렇게 생각하는 이유를 말해 보세요.

너 이거 알아? 난 무슨 띠지?

여러분들은 대부분 양, 원숭이, 닭, 개띠 중 하나일 것입니다. 어른들이 가끔 띠를 가지고 나이를 계산하는 것을 본 적이 있나요?

신기하지요? 어떻게 하는 것일까요?

띠는 열두 동물(十二支)입니다. 쥐, 소, 범, 토끼, 용, 뱀, 말, 양, 원숭이, 닭, 개, 돼지의 순서로 열두 동물을 가지고 매년 돌아가면서 띠를 정합니다.

그래서 어른들 중에 여러분과 같은 띠를 가진 분들이 있답니다. 같은 띠를 가진 어른과의 나이 차를 계산해 보세요. 재미있는 규칙을 발견할 수 있습니다.

바로 12, 24, 36과 같이 12의 배수가 된다는 것입니다.

당연히 그렇겠지요. 열두 해마다 돌아가면서 순서대로 띠를 정하니까요.

박물관에서는 기획한 행사가 끝난 후에는 간단한 설문 조사를 합니다. 이 설문 조사의 결과는 다음 행사를 기획하는 데 활용됩니다. 다음은 그 결과입니다.

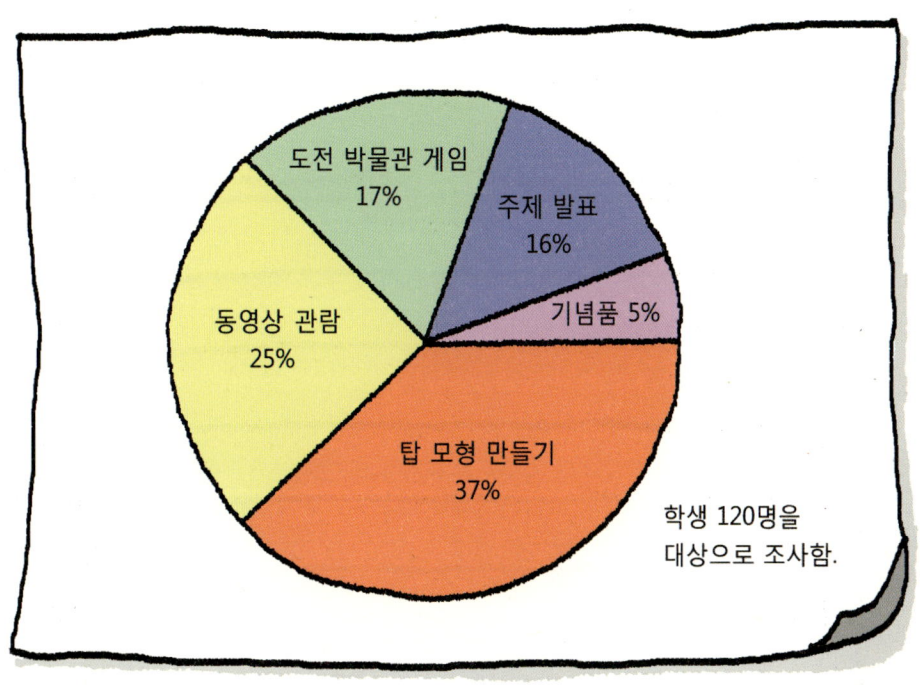

1 위 그림에서 100%는 몇 명을 나타낼까요?

2 가장 반응이 좋은 행사를 골라 보세요. 그 행사를 좋다고 대답한 사람은 약 몇 명인가요?

3 '도전 박물관 게임' 행사가 가장 좋다고 대답한 사람을 분수로 나타내면 얼마인가요?

4 앞 쪽의 그래프를 보고 보고서를 작성하려고 합니다. 그래프를 보고 어떤 결론을 내릴 수 있나요? 여러분의 생각을 써 보세요.

박물관에서는 행사에 참여한 학생 중 임의로 60명을 뽑아서 다음과 같은 설문 조사를 했습니다.

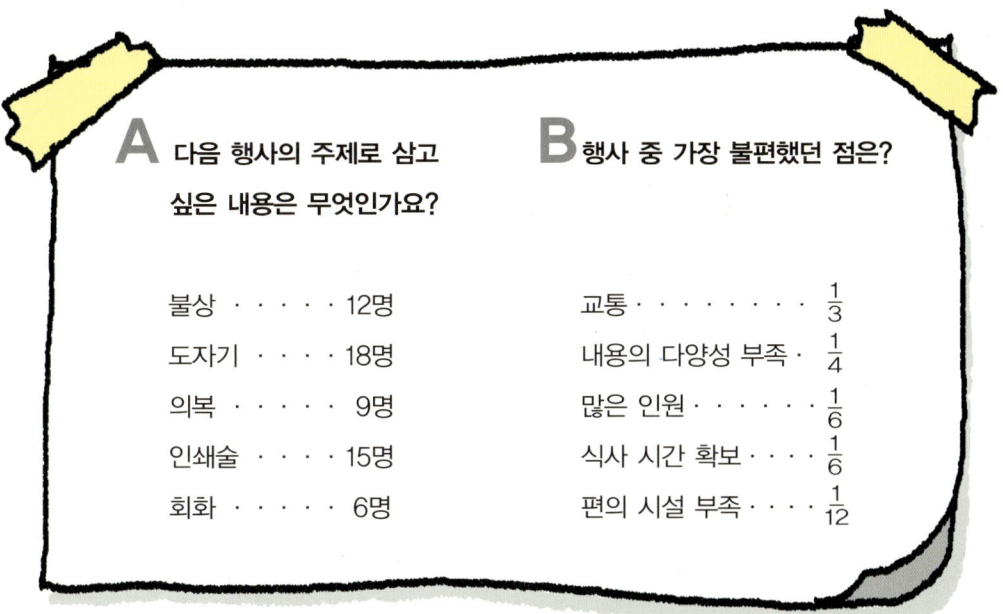

5 설문 조사 A에 대한 보고서를 작성하려고 합니다. 아래의 원 그래프 중에서 나타내기 편한 것 하나를 골라 그래프를 그려 보세요. 〈활동지 5〉를 이용합니다.

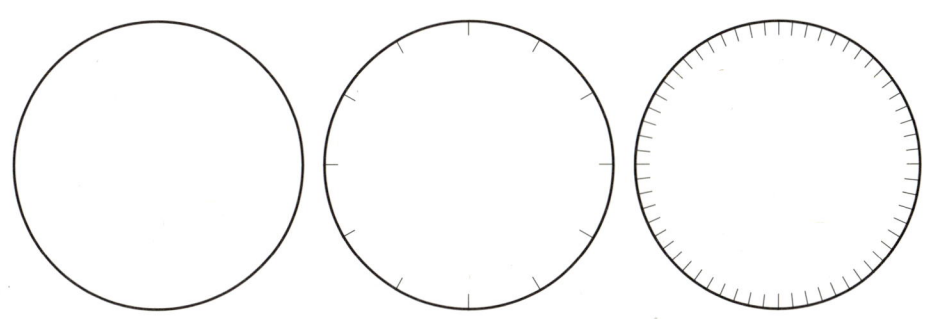

6 설문 조사 B도 원 그래프로 그려 보세요. 어느 원이 편한가요?
〈활동지 5〉를 이용합니다.

가장 많은 학생들이 불편하다고 지적한 교통 문제를 해결하기 위해 박물관 어린이 팀 실장인 최대안 씨는 박물관을 방문하는 어린이들이 어떤 교통수단을 이용하는지 조사하기로 했습니다. 설문 조사에 임의로 뽑혔던 60명의 학생이 다시 조사에 응해주었습니다.

버스	자가용	전철	자전거	걸어서	버스
버스	자전거	전철	걸어서	전철	전철
자가용	자전거	자가용	전철	자가용	전철
자가용	전철	버스	걸어서	전철	버스
자가용	버스	걸어서	버스	자가용	전철
걸어서	전철	버스	걸어서	전철	자가용
버스	버스	전철	자가용	버스	전철
자전거	자가용	전철	자전거	자가용	전철
버스	전철	전철	버스	자가용	전철
자가용	전철	걸어서	전철	전철	버스

7 위의 자료를 표로 정리해 보세요.

8 위의 자료를 막대그래프로 정리해 보세요. 〈활동지 6〉을 이용합니다.

9 위의 자료를 원그래프로 정리해 보세요. 〈활동지 6〉을 이용합니다.

전철역은 박물관 정문과 가까이 있지만, 버스 정류장은 박물관 정문에서 10분 정도 걷는 거리에 위치해 있습니다. 최대안 씨는 버스를 이용하는 학생들을 위해 무료 순환버스를 운행하기로 했습니다. 단, 박물관 이용 학생의 25%이상이 사용해야 합니다.

10 무료 순환 버스를 운행할 수 있을까요? 7, 8, 9번 문제의 결과를 이용해 대답해 보세요.

11 10번 문제에 답을 하기 위해서는 어떤 그래프를 이용하는 것이 편리한가요?

12 학생들이 가장 많이 이용하는 교통수단은 무엇인가요? 어떤 그래프를 이용하는 것이 편리한가요?

13 박물관을 이용하는 전체 학생의 어느 정도가 전철을 이용한다고 할 수 있을까요? 위의 자료를 이용해 답해 보세요.

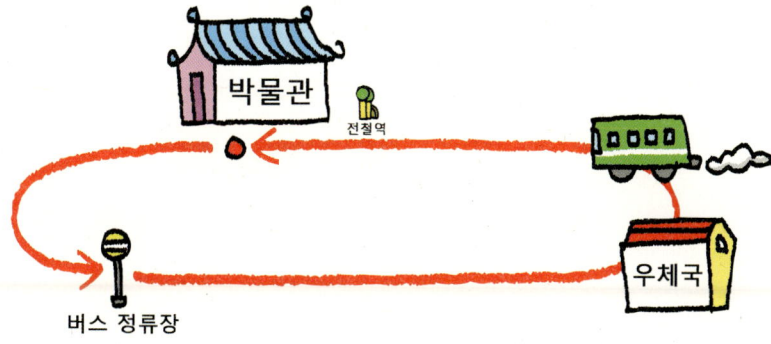

4. 가장 대표적인 수, 평균

박물관 홍보를 담당하는 민첩해 씨는 월별 박물관 이용객 수를 조사하여 보고하는 업무를 맡고 있습니다.

6월 한 달간 박물관을 이용한 사람 수를 정리한 막대그래프입니다.

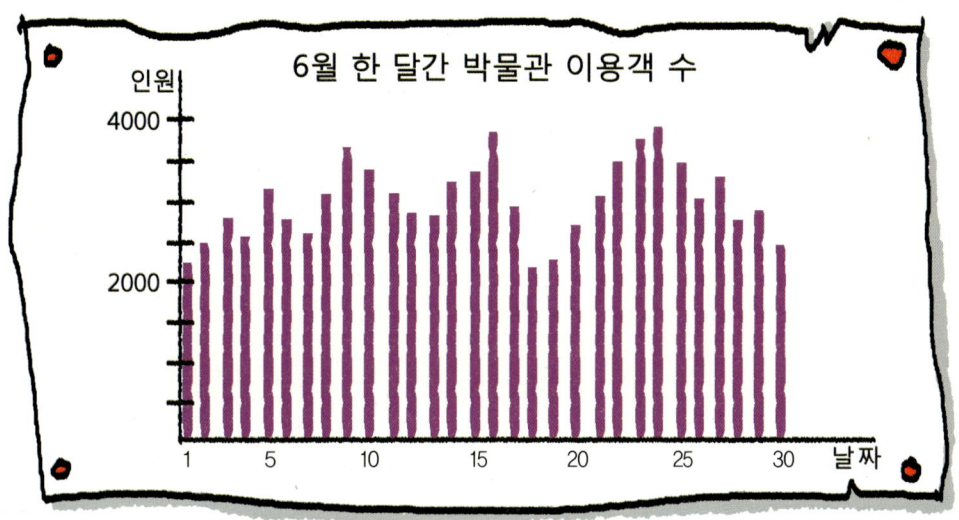

1. 사람들이 가장 많이 이용한 날은 언제인가요?

2. 민첩해 씨는 6월 이용객 수를 하나의 숫자로 나타내려고 합니다. 어떤 숫자를 골라야 할까요? 그 숫자를 고른 이유를 설명해 보세요.

3. 그 숫자를 나타내는 가로선을 그어 보세요. 그 선을 기준으로 이용객 수가 많은 날과 적은 날은 각각 며칠인가요? 〈활동지 7〉을 이용합니다.

4. 민첩해 씨는 박물관의 7월 이용객 수가 평균 몇 명이라고 보고해야 할까요?

박물관 이용 행운권을 열심히 모으고 있는 미진이네 모둠은 태환이네 모둠에게 자랑을 했습니다.

미진이와 태환이는 각 모둠의 학생들이 갖고 있는 행운권을 모두 세 보기로 했습니다. 그런데, 약간의 문제가 생겼습니다. 미진이네 모둠은 8명이고, 태환이네 모둠은 6명입니다.

아래 표는 태환이네 모둠의 행운권 개수입니다.(미진이네 행운권의 개수는 24쪽을 참조하세요.)

사람	태환	유림	성모	구훈	예슬	민아
행운권 수	15	10	21	6	25	17

미진이와 태환이는 한 사람당 가지고 있는 행운권의 개수를 알아보기로 했습니다.

미진이는 자기 모둠의 행운권 수를 그림그래프로 나타냈습니다. 그리고 아래 그림과 같이 많은 쪽을 하나씩 지워가며 적은 쪽에 채워 넣었습니다.

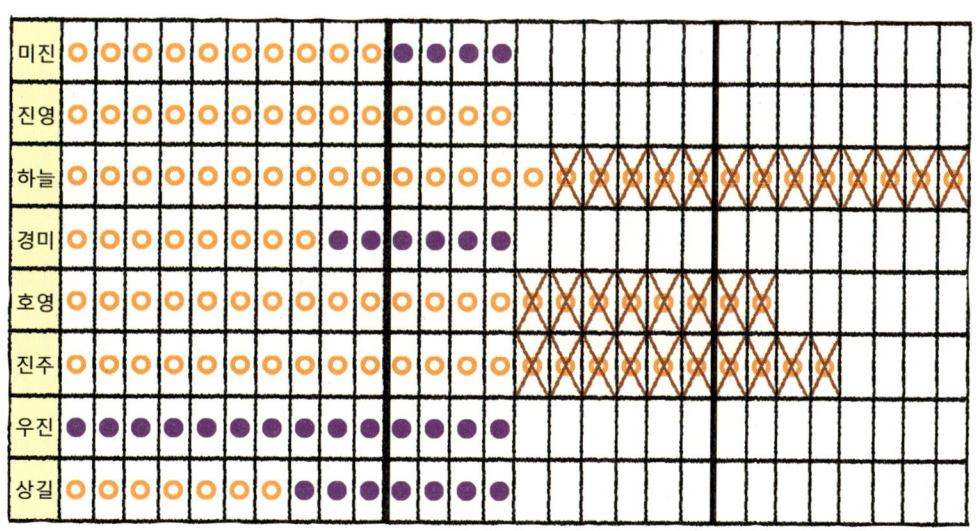

5 미진이의 작업 결과를 보고 다음 빈칸을 채워 주세요.

   (말풍선) 우리 모둠은 한 사람당 약 (   )장의 행운권을 갖고 있어.

6 5번의 답을 친구들과 비교해 보세요.

7 〈활동지 8〉을 이용해 태환이네 모둠은 한 사람당 몇 장의 행운권을 갖고 있는지 알아보세요.

8 어느 모둠이 한 사람당 행운권 수가 더 많나요?

9 두 모둠의 한 사람당 행운권의 개수를 정확하게 나타내 보세요.

10 각 모둠은 한 사람당 평균 몇 장의 행운권을 갖고 있다고 말할 수 있나요?

평균은 자료를 대표하는 하나의 수를 말합니다. 앞의 그림그래프에서 알아본 숫자는 각 모둠의 평균을 나타냅니다.

난 행운권의 개수를 모두 더한 다음에 사람 수로 나누었어. 그랬더니 우리는 $\frac{113}{8} ≒ 14.1$장이고, 태환이네는 $\frac{94}{6} ≒ 15.7$장이네.

11 하늘이의 방법에 대해 어떻게 생각하나요?

너 이거 알아? ≒ 기호 본 적 있나요?

수학책을 읽다보면 가끔 ≒와 같은 기호를 볼 수 있답니다. 어떤 뜻일까요?

분명 수식 안에 들어가 있는 것을 보면 수식에 필요한 기호겠지요?

$35+256+65+652 ≒ 1000$

이 식에서 보면 정확한 값은 1008입니다. 그런데 어떤 이유에서 정확한 값보다는 대략의 값이 필요한 경우에는 ≒의 기호를 써서 나타내기도 합니다.

미진이네 모둠은 박물관 행사 중 하나인 '도전 박물관 게임'에 나갈 대표로 하늘이를 뽑았습니다. 이 게임은 '투호 놀이'를 변형한 것으로, 화살을 항아리에 던져 들어간 항아리의 점수를 얻는 게임입니다.

1. 화살은 2개에서 5개까지 던질 수 있음.
2. 항아리 밖으로 나가면 기본 점수 15점을 받음.
3. "멈춤"을 선택한 경우, 그때까지 획득한 점수의 평균이 18점 이상이면 상품을 받음.

12 처음에 16점을 얻었다면 두 번째에는 몇 점을 얻어야 상품을 받을 수 있나요?

13 처음에 16점, 두 번째에 19점을 얻었다면 세 번째에서는 몇 점을 얻어야 상품을 탈 수 있을까요?

_____

_____

14 다음은 하늘이가 4회까지 얻은 점수입니다. 하늘이는 계속 게임을 해야 할까요?

_____

_____

15 다음과 같이 한 번 실패했다면 마지막 시도에서 하늘이는 상품을 받을 수 있을까요?

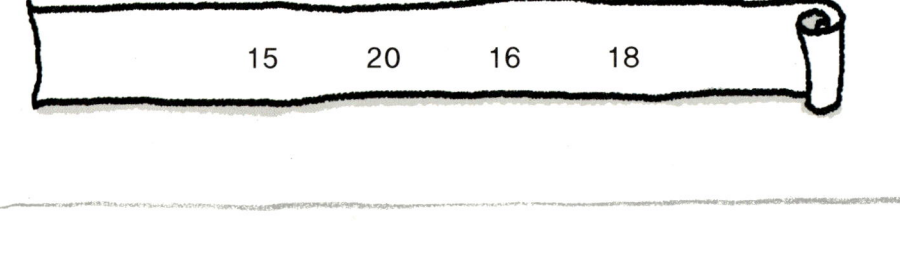

_____

_____

16 아래는 하늘이가 받은 점수입니다. 하늘이는 상품을 탔을까요?

> 20   15   20   18

17 하늘이는 세 번 던지고 게임을 멈추었습니다. 3회까지의 평균이 19점이라고 할 때, 19점이 나올 수 있는 방법을 적어 보세요.

너 이거 알아? 가능성에 대하여

TV에서 주사위를 던져 진행하는 게임 프로그램이 진행되고 있습니다.
그런데 다섯 번의 게임을 하는 동안 주사위는 모두 1의 눈이 나왔습니다.
사회자가 그 프로그램에 참가하고 있는 사람들에게 질문을 합니다.
"여섯 번째는 주사위 눈 1이 나올 수 있을까요?"
사람들의 대답은 모두 "아니오"였습니다. 그 게임 프로그램에 참석한 사람들의 대답은 맞았나요? 그리고 여러분의 생각은 어떤가요?
아마도 게임 프로그램에 참석한 사람들은 지금까지 모든 경우에서 1의 눈이 나왔으므로 이번엔 1의 눈이 절대 나올 수 없다는 생각을 하게 됐을지도 모릅니다. 그러나 확률에서는 주사위를 던지는 횟수와 나온 눈의 횟수에 상관없이 매번 같은 가능성을 가지게 됩니다. 그러니까 '여섯 번째 게임에서도 1의 눈이 나올 가능성은 있다'입니다.

5. 선으로 그려요

박물관에서는 야외 행사도 기획합니다. 야외 행사는 많은 학생들이 참여할 수 있고, 가족이 함께 할 수 있어서 반응이 좋습니다. 하지만 너무 춥거나 더운 경우, 비가 오거나 눈이 오는 경우에는 야외 행사를 진행하기 어렵습니다.

이와 같은 이유로 최대안 씨는 기온의 변화에 대한 자료도 정리해 보고해야 합니다.

다음은 몇 년 전 여러 도시의 월 평균 기온입니다. (통계청 자료. 2005.10.~2006.9.)

월 도시	10월	11월	12월	1월	2월	3월	4월	5월	6월	7월	8월	9월
서울	14.7	8.6	-3.9	-0.2	0.1	5.2	11.6	18.4	21.8	23.1	27.0	21.1
부산	17.1	11.6	1.2	3.9	4.0	8.0	12.2	16.3	20.3	22.6	27.5	21.3
인천	14.5	8.6	-3.6	-0.3	0.0	4.9	10.9	17.1	20.3	22.4	26.3	21.2
속초	15.0	9.8	-1.4	0.2	1.5	6.0	9.5	14.4	18.4	21.0	25.2	19.1
제주	19.1	14.2	6.0	7.3	6.3	9.7	13.9	17.6	21.1	25.6	27.9	21.7

1 박물관은 서울에 있습니다. 어느 달에 야외 행사를 하는 것이 좋을까요? 그렇게 생각하는 이유를 말해 보세요.

2 월 평균 기온이란 무슨 뜻일까요? 여러분의 생각을 적어 보세요.

3 겨울에 야외 체험 행사를 할 수 있는 곳은 어느 지역인가요?

최대안 씨는 서울과 다른 지역의 기온을 비교하기 위하여 다음과 같은 그래프를 그렸습니다. 이 그래프를 **선그래프**라고 합니다.

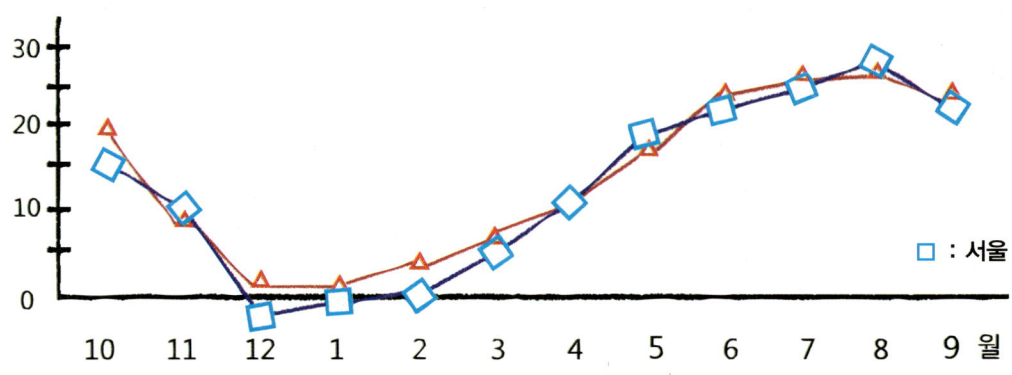

4 △의 선그래프는 어느 도시를 나타내나요?

5 그래프에 그려진 두 도시 중 기온의 변화가 심한 곳은 어디인가요?

6 두 도시의 가장 높은 기온과 가장 낮은 기온의 차를 그래프에 표시해 보세요.

7 1년 중 서울은 언제 가장 기온이 높은가요? 가장 낮은 달은 언제인가요?

보고문을 작성하던 최대안 씨는 작년 서울의 평균 기온을 보고 아래의 그래프를 그렸습니다.

8 최대안 씨의 주장은 옳은 가요? 그렇게 생각하는 이유를 말해 보세요.

9 3년 전 기온의 연 평균 기온을 알아보려고 합니다. 3년 전 연 평균 기온을 나타내는 가로선을 그어 보세요. 〈활동지 9〉를 이용합니다.

10 작년 기온의 연 평균 기온을 나타내는 가로선을 그어 보세요. 최대안 씨의 의견은 타당한가요? 〈활동지 9〉를 이용합니다.

연습 문제

1 나연이는 신문기사를 읽다가 다음과 같은 그래프를 발견하였습니다. (동아일보. 2007.5.24.)

(1) 어떤 내용의 기사일지 짐작해 써 보세요.

(2) 신문이나 잡지에서 이와 비슷한 그래프를 찾아 보세요.

2. 아래 그래프는 우리 학교의 네 개 반을 선정하여 '부모님들이 생각하는 자녀의 직업'에 대해 조사한 결과입니다.

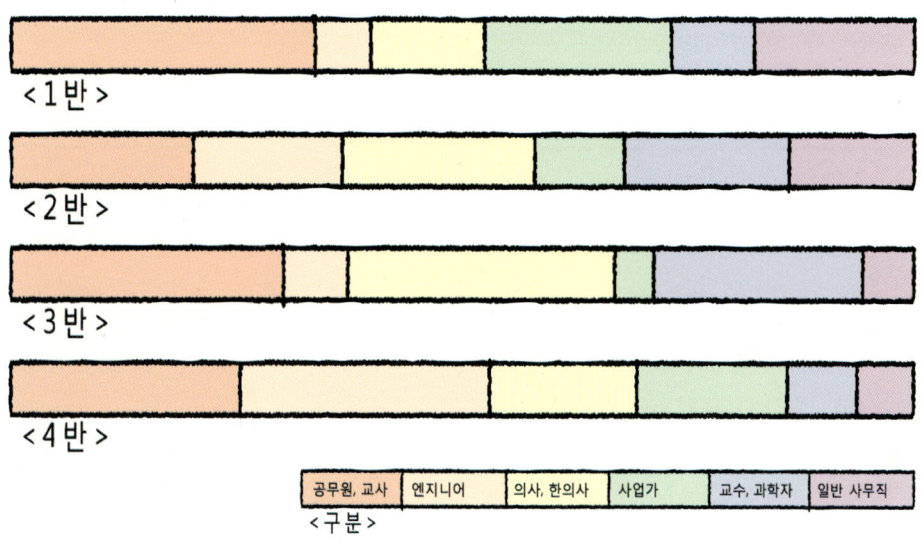

위의 띠그래프를 원그래프로 나타내었더니 다음과 같았습니다.

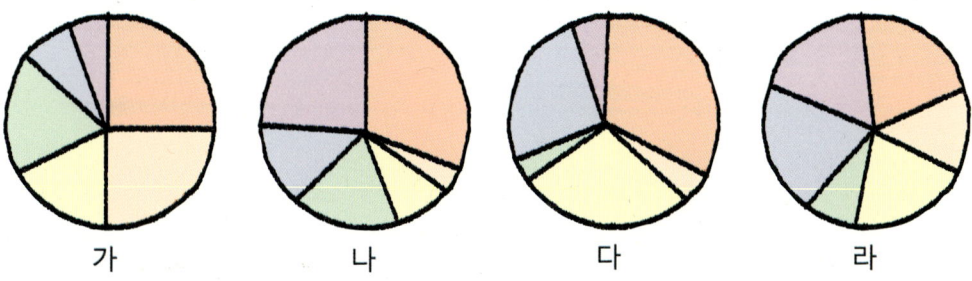

가   나   다   라

(1) 같은 내용을 나타내는 띠그래프와 원그래프를 짝 지으세요. 어떻게 짝지었는지 방법을 설명해 봅시다.

(2) 우리 반에서도 같은 조사를 해 봅시다. 결과를 기록하기 위해 어떤 그래프를 사용하는 것이 좋을지 결정해 보세요. 조사한 결과를 그래프로 나타내 보세요. 우리 반의 조사 결과는 어느 반과 비슷한가요?

(3) 위의 결과를 보고 어떤 결론을 내릴 수 있을까요?

3 옛날 어느 마을에 두뇌가 명석한 소년이 살고 있었습니다.

소년은 작은 밥그릇을 하나 가져와서 콩을 담고 위를 평평하게 했습니다. 그리고 그릇에 담긴 콩의 개수를 세었습니다. 이렇게 5번을 하여 다음과 같은 결과를 얻었습니다.

253   247   257   248   255

(1) 그릇 하나에 콩은 평균 몇 개가 들어가나요? 구하는 방법을 설명해 보세요.

_____

_____

소년은 자루의 콩을 위를 평평하게 하여 그릇에 담았습니다. 그 결과 모두 65개의 그릇이 나왔습니다.

(2) 콩은 모두 약 몇 개인가요? 구하는 방법을 설명해 보세요.

_____

4 최근 들어 자원 봉사에 대한 사람들의 인식이 많이 변화했습니다. 각 학교에서도 체험 학습과 봉사 활동을 병행하는 친구들이 많이 생겨나고 있지요. 아래 그림그래프는 우리 동네 여러 학교의 자원 봉사 활동에 참여한 학생들의 수를 보여주고 있습니다.

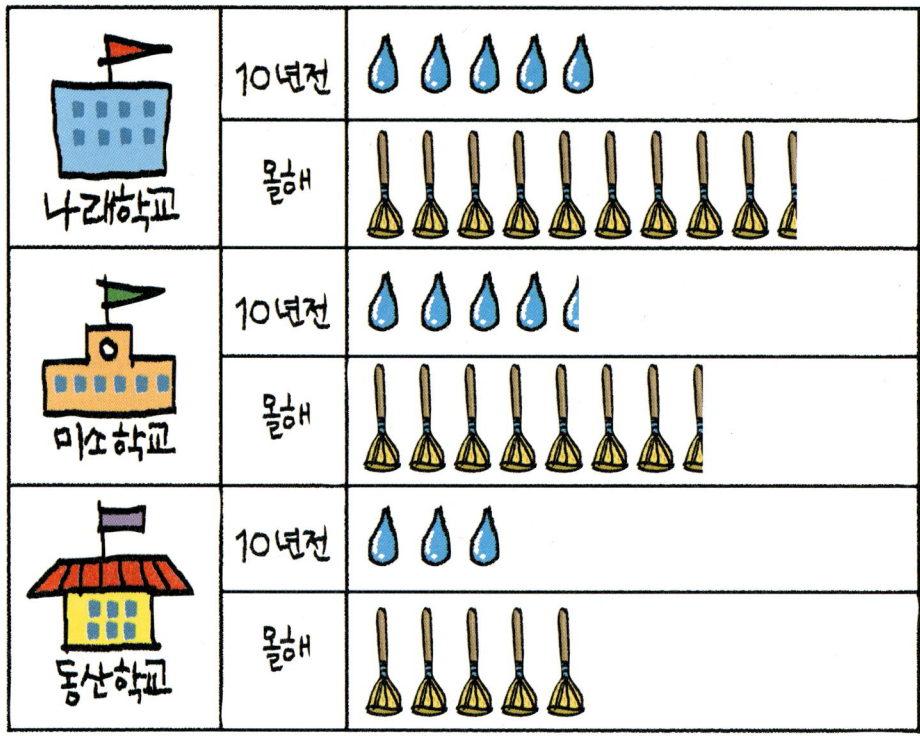

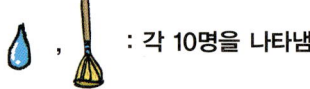 : 각 10명을 나타냄

나래, 미소, 동산이는 서로 자기네 학교의 자원 봉사 활동 학생 수가 가장 많이 증가했다고 생각하고 있습니다.

(1) 올해 각 학교의 자원 봉사 학생 수를 알아봅시다. 어느 학교가 가장 많은가요?

(2) 미소는 앞의 그림그래프를 보고 아래 그래프를 그렸습니다. 이 그래프는 어느 학교에 대한 그래프일까요? 두 점을 연결해 보세요.

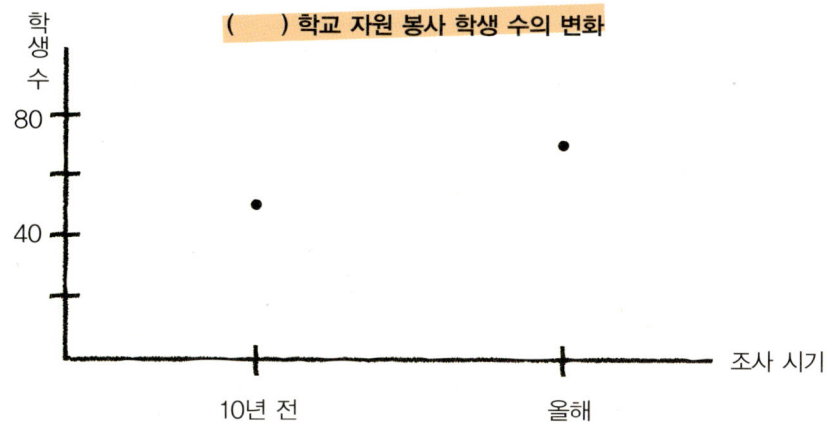

(3) 〈활동지10〉을 이용해 다른 두 학교에 대한 그래프를 그려 보세요.

(4) 10년 전과 비교하여 가장 많은 수의 학생이 증가한 학교를 골라 보세요.

(5) 10년 전과 비교하여 두 배 이상 증가한 학교를 골라 보세요.

(6) (1)번, (4)번, (5)번 문제의 결과가 일치하나요?

(7) 자원 봉사 활동 학생 수가 가장 많이 증가한 학교는 어디라고 생각하나요?

(8) 앞의 그림그래프에서 모양 하나가 20명을 나타낸다면 위 문제에 대한 답이 달라질까요?

한 번에 그릴 수 있을까?

아래 도형에 연필을 대서 떼지 않고 모든 선을 한 번씩 지나가도록 그릴 수 있을까요?
어떤 도형은 되고, 어떤 도형은 되지 않는답니다.
한번 그려 보세요. 어떤 도형이 한 번에 그려지지 않나요?

이렇게 한 번에 그릴 수 있는 그림과 없는 그림이 있답니다. 이것도 수학에서 다루는 내용이랍니다. 이것을 바로 '한붓그리기'라고 합니다.
한 번에 그릴 수 있는 도형에는 어떤 성질이 있는지 알아볼까요?
각각 선과 선이 만나는 점을 살펴보세요. 규칙을 발견했나요?
선과 선이 만나는 점에 모인 선의 개수가 짝수이면 한붓그리기가 가능합니다. 그리고 모인 선의 개수가 홀수인 점이 두 개만 있다면 이 그림 또한 한붓그리기를 할 수 있습니다.
그 외의 경우는 한붓그리기가 불가능합니다.
왜 그럴까요?
점에 있는 선으로는 한 번은 들어가고 한 번은 나가는 선을 그리게 됩니다. 따라서 점에 모인 선이 짝수라면 가능하게 되지요. 그런데 홀수일 때도 두 개만 있다면 홀수인 한 점에서 시작하고 다른 한 점에서 그리는 것을 끝낸다면 가능합니다.

각각의 그림을 보고 생각나는 것을 정리해 보세요. 이 단원에서 배운 것 중 어떤 내용이 떠오르나요? 떠오른 생각을 글로 써 보세요. 한 문장 이상이 되도록 적어 보세요.

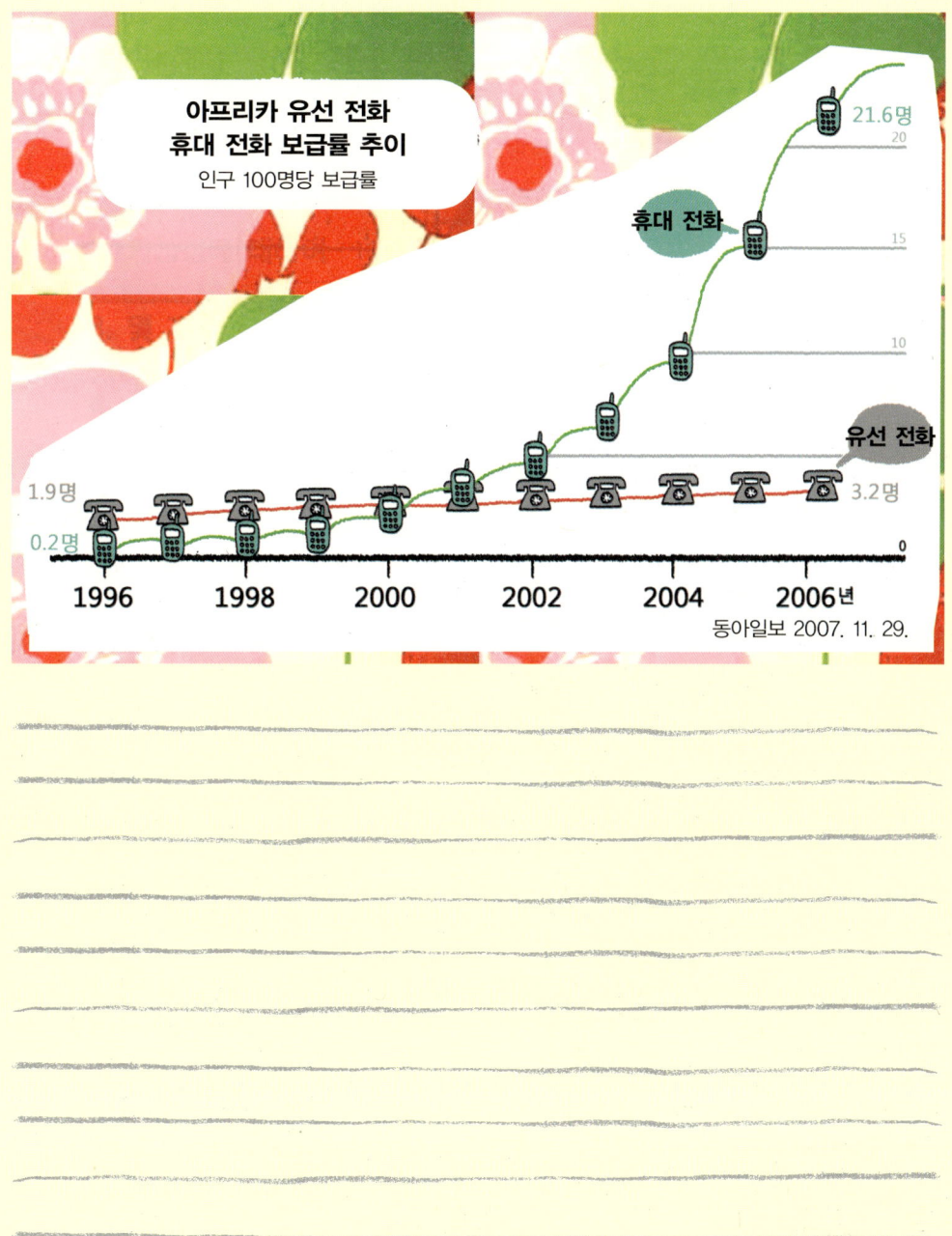

두 번째 이야기

박물관은 보여 준다

수학은 단지 계산만 하는 학문이라고 생각하는 친구들이 많습니다. 흥미로운 문제들에 대한 답을 얻기 위해서는 자료를 모으고 정리를 해야 하는데, 그것을 제대로 분석하는 것도 수학의 한 분야입니다. 효과적으로 정리하고 분석해야 문제의 답을 올바르게 얻을 수 있습니다. 이 단원에서는 많은 정보를 정리하고 분석하는 법에 대해 알아봅니다.

1. 과연 효과가 있을까?

요즘은 박물관도 PR시대입니다. 박물관의 최대안 실장은 학생들이 참여한 프로그램이 얼마만큼의 효과가 있었는지를 여러 가지로 분석해서 보고해야 합니다. 이는 학생 대상 프로그램을 더 늘려야 할지 줄여야 할지를 결정하는 중요한 자료가 될 것입니다. 또한, 이 자료를 바탕으로 주변 학교에 박물관 홍보를 할 수도 있습니다.

먼저 최실장은 박물관 프로그램에 한 학기 동안 참여한 1000명의 학생 중에서 임의로 60명을 선발하여 프로그램에 참여하기 전과 후의 사회 성적을 알아보았습니다.

전	후	전	후	전	후	전	후	전	후	전	후
45	84	63	90	72	78	70	77	70	70	75	72
96	88	89	95	78	78	75	77	78	75	78	75
78	79	92	89	81	93	90	89	67	68	71	71
66	60	55	62	68	65	58	60	63	63	65	68
72	90	57	55	60	66	62	90	55	60	64	65
88	90	59	95	67	77	67	69	86	92	95	97
50	51	84	90	83	80	75	89	88	85	72	81
57	44	77	78	91	95	74	79	58	51	68	89
61	61	70	68	55	55	42	50	59	64	88	85
80	75	81	79	50	86	49	62	90	99	83	92

1 박물관 프로그램이 성공적이었다는 것을 홍보하려면, 학교 성적 외에 어떤 사항을 조사해야 할까요? 그 이유를 말해 보세요.

최실장은 조사한 자료를 살펴보았습니다.

2 앞의 표를 보고 다음을 찾아보세요.
   (1) 성적이 그대로인 학생

   (2) 성적이 10점 이상 오른 학생

   (3) 성적이 떨어진 학생

   (4) 성적이 가장 많이 떨어진 학생

3 위에서 가장 찾기 힘든 학생은 누구였나요?

4 최실장은 박물관 프로그램이 학교 성적 향상에 도움을 주었다는 결론을 내렸습니다. 왜 그렇게 생각했을까요?

자료 분석을 위해 기획실 직원들이 모였습니다. 직원 모두는 프로그램이 학교 성적 향상에 도움을 주었다고 결론지었습니다.

5 위의 네 사람 중 여러분의 생각과 가장 비슷하게 이야기하고 있는 사람을 고르세요. 친구들이 고른 것과 다르다면, 내 의견을 친구들에게 설득력 있게 말해봅시다.

6 박물관 프로그램에 참가한 학생은 1000명인데 조사에 응한 학생은 60명 뿐입니다. 최실장님이 관장님께 나쁜 소리를 듣지는 않을까요? 최실장님이 내린 결론을 과연 믿어도 될까요?

어떤 사항을 알고 싶을 때, 모든 사람을 다 조사하면 정확한 결론을 얻을 수 있습니다. 그러나 이렇게 하려면 많은 시간과 노력이 필요하지요. 그래서 일부만 뽑아내어 조사를 합니다. 이를 **표본**이라고 합니다. 표본은 조사 집단 전체를 대표합니다.

7 만약 최실장님이 미리 성적이 많이 오른 학생을 알아낸 뒤, 그 학생들만 뽑아 표본을 만들었다면, 분석 결과를 믿을 수 있을까요?

_____
_____
_____

8 전체 집단을 하나 생각해 보세요. 이 집단에서 대표성을 띠지 않는 표본을 생각해 보세요.

_____
_____

2. 키가 크면 팔도 길다?

미진이의 언니 미라는 우리나라 복식을 공부하고 있습니다. 이번에 발표하는 세미나 준비를 위해 박물관에서 여러 필요한 자료를 얻으려고 합니다.

여러 의상에 대한 자료를 정리하면서 옷 전체의 길이와 치마 길이, 저고리 길이, 소매 길이 등을 조사하였습니다. 아래의 표는 전체 길이와 소매 길이만 정리한 것입니다. (단위는 cm입니다.)

전체	소매	전체	소매	전체	소매	전체	소매	전체	소매
130	65	122	69	148	84	136	70	162	95
128	78	136	73	156	80	145	77	159	88
140	84	144	74	129	71	153	82	145	76
142	76	135	78	148	72	156	76	144	79
137	80	143	79	136	66	149	74	143	80
135	72	146	75	139	70	130	66	127	68
138	78	149	89	145	75	138	75	135	77
143	88	151	83	149	84	148	78	138	71
150	75	126	65	155	87	154	80	153	82
120	66	130	74	163	95	160	91	152	79

표를 정리하던 미라는 옷 전체 길이와 소매 길이 사이에 어떤 관계가 있는 지 알아보기 위해 다음과 같은 그래프를 그렸습니다.

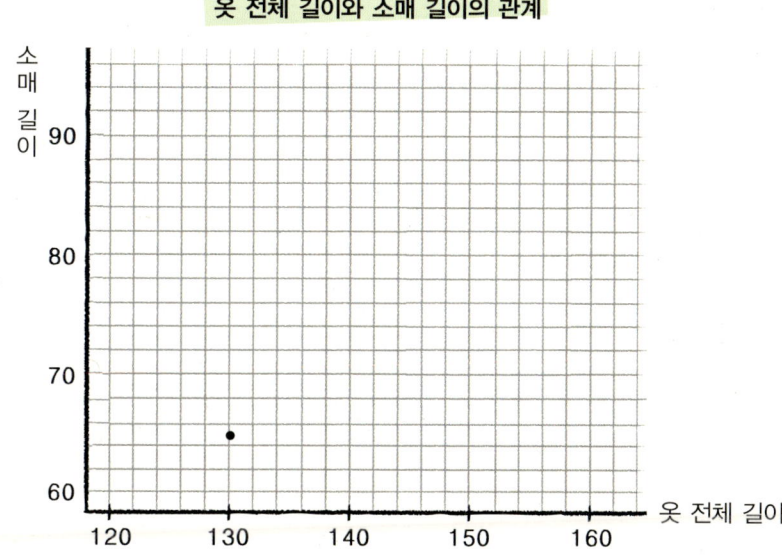

옷 전체 길이와 소매 길이의 관계

먼저 옷 전체 길이를 가로축에, 소매 길이를 세로축에 잡은 후, 각 자료를 그래프에 하나의 점으로 나타냅니다. 앞의 점은 표에 있는 첫 번째 자료를 나타냅니다. 이 점은 (130, 65)로 나타냅니다.

1 표에 있는 색깔이 칠해진 점 다섯 개를 그래프에 나타내 보세요. 〈활동지 11〉을 이용합니다.

2 위 그래프에서 각 축이 0이 아닌 수에서 시작하는 이유는 무엇일까요?

아래는 표 전체의 자료를 점으로 나타낸 것입니다.

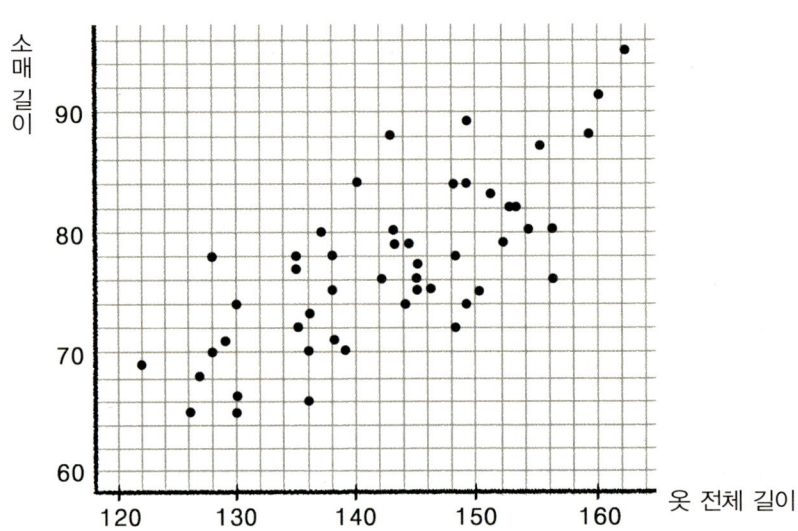

옷의 전체 길이와 소매 길이의 관계

3 (1) 전체 길이가 가장 긴 점을 찾아 ○표 하세요. 그 점의 소매 길이는 얼마인가요? 그 점의 소매 길이가 가장 긴가요?

---

(2) 전체 길이가 가장 짧은 점을 찾아 ○표 하세요. 그 점의 소매 길이는 얼마인가요? 그 점의 소매 길이가 가장 짧은가요?

4 가장 가운데에 있는 점을 찾아 옷 전체 길이와 소매 길이를 읽어 보세요.

5 미라는 "키가 크면 팔의 길이도 길다"고 생각했습니다. 미라의 의견에 동의하나요? 그렇게 생각하는 이유를 말해 보세요.

6 3번과 4번에서 찾은 점들을 지나는 선분을 그려 보세요.
   (1) 그 선분의 위쪽에 있는 점들에 대해 어떤 말을 할 수 있을까요?

   (2) 그 선분의 아래쪽에 있는 점들에 대해 어떤 말을 할 수 있을까요?

이와 같이 서로 연관되어 보이는 두 자료에 대하여 72쪽과 같은 그래프를 그리면, 두 자료 사이의 관계를 분명히 파악할 수 있습니다.

3. 유능한 선생님이 필요해

박물관에서는 학생들과 성인 대상 프로그램을 위해 재미있는 강의를 해 주실 유능한 선생님이 필요합니다. 어떤 경우에는 프로그램 개발부에서 강의를 담당하기도 하지만, 실력 있는 외부 강사를 모셔오는 일이 더 많습니다.

기획실 최실장은 강의를 담당하고 있는 30명의 선생님들의 경력을 정리하면서 지난 1년 동안 강의했던 강좌 수를 조사했습니다. 강좌 수는 강의의 횟수가 아니라 참여한 프로그램 수를 말하며, 박물관이 아닌 외부 강의를 모두 포함한 것입니다. 아래는 그 결과입니다.

강세라 12	박서현 28	손미미 6	이튼튼 5	장수수 18	차민용 17
김선달 25	배남이 23	송이슬 24	이나무 25	장대한 15	홍길수 12
김봉화 31	박수연 11	양나나 15	이민국 34	정미소 15	황 달 10
김이랑 10	박기순 4	임강현 26	이만해 3	정민우 34	황마당 20
나도문 22	박사랑 19	인수해 22	이광국 18	차라희 2	황소문 22

박물관에서 강의를 맡기 위해서는 강의 경력이 중요합니다.

1. 가장 강의 수가 적은 사람과 가장 많은 사람을 골라 보세요.

2. 대부분의 선생님이 몇 개의 강의를 하셨나요? 위의 표를 이용해 쉽게 구할 수 있나요?

3. 2번에 답을 하기 위해 표를 다르게 그려 보거나 그래프를 그려 보세요. 어떤 사실을 알 수 있나요?

강대리는 위의 자료를 크기 순으로 정리하여 그림으로 나타냈습니다.

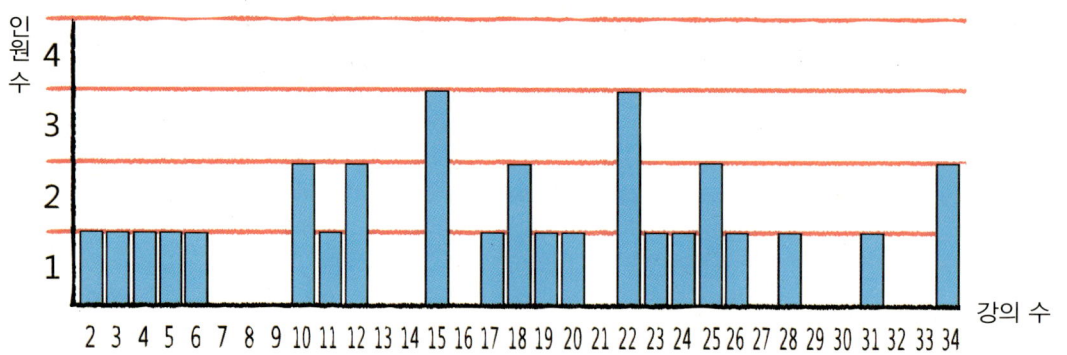

오과장은 위의 자료를 다음과 같이 표로 정리했습니다.

강의 수	0이상~10미만	10이상~20미만	20이상~30미만	30이상~40미만
인원 수	5	12	10	3

4 강대리의 그래프를 보고 편리한 점을 말해 보세요. 또, 어떤 점이 불편한가요?

5 강대리의 그래프에서 가장 자주 나타나는 값을 말해 보세요.

가장 자주 나타나는 값을 **최빈값**이라 합니다. 최빈값을 알면 자료 전체에 대한 성질을 알 수 있습니다.

6 오과장의 표를 보고 편리한 점을 말하세요. 또, 어떤 점이 불편한가요?

_____
_____
_____

최실장은 강대리의 그래프와 오과장의 표를 보고, 둘의 장점을 살릴 수 있는 그래프를 생각해 냈습니다. 아래 그래프와 같이 비슷한 자료끼리 모아 표로 정리할 때, 개수만 적는 것이 아니라 자료를 그대로 적는 방법입니다.

	강의 수
0	4 6 2 5 3
1	2 0 1 9 5 8 8 5 5 7 2 0
2	5 2 8 3 4 6 2 5 0 2
3	1 4 4

위에서 ⬚1⬚2⬚는 십의 자리 1과 일의 자리 2를 나타내는 것으로 12를 말합니다. 위 그림을 **줄기와 잎 그림**이라고 합니다.

7 왜 '줄기와 잎 그림'이라고 부를까요?

_____
_____

8 줄기와 잎 그림을 크기 순으로 정리하여 다시 만들어 보세요. 〈활동지 12〉를 이용합니다.

9 최실장은 박물관 프로그램에 참여하고 있는 강사들이 보통 일 년에 몇 개의 강의를 하고 있다고 보고해야 하나요? 그렇게 생각하는 이유를 말해 보세요.

이과장은 강대리의 그래프를 비슷한 것끼리 모아 아래의 그래프를 만들었습니다. 이와 같은 그래프를 **히스토그램**이라고 합니다.

10 그래프의 빈 곳에 적당한 직사각형을 그려보세요. 〈활동지 13〉을 이용합니다.

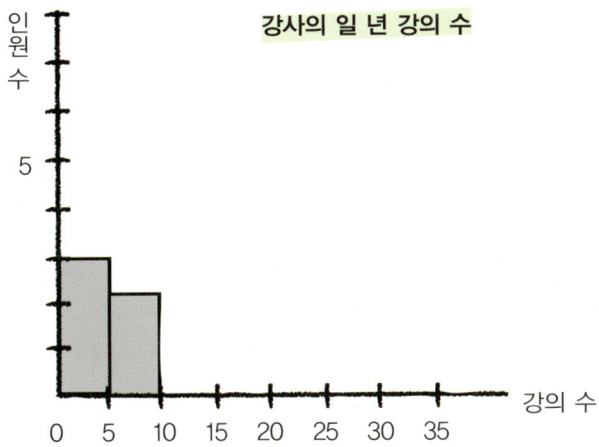

11 줄기와 잎 그림과 히스토그램의 같은 점과 다른 점을 말해 보세요.

_____
_____
_____

최실장은 60명 학생들의 사회 시험 성적을 히스토그램으로 정리해 보았습니다.

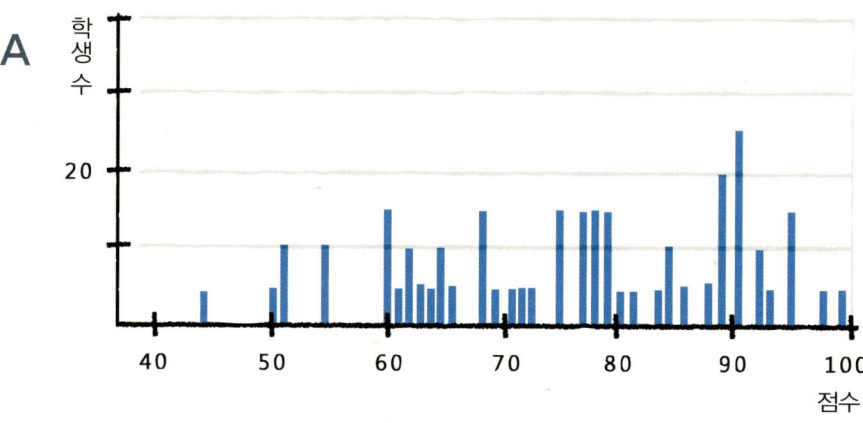

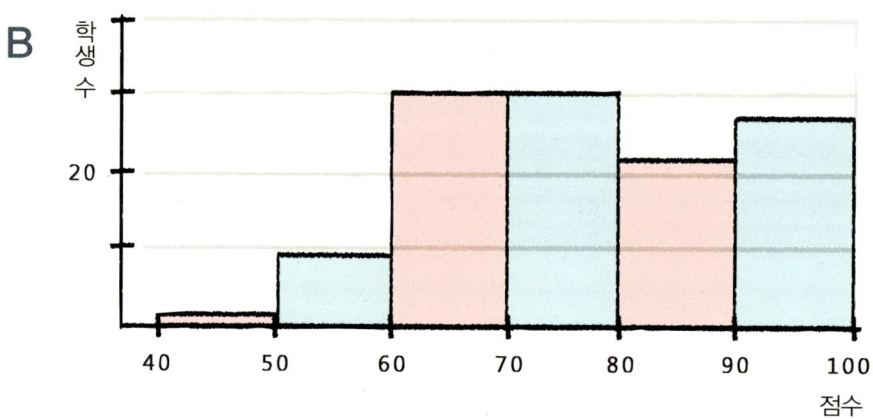

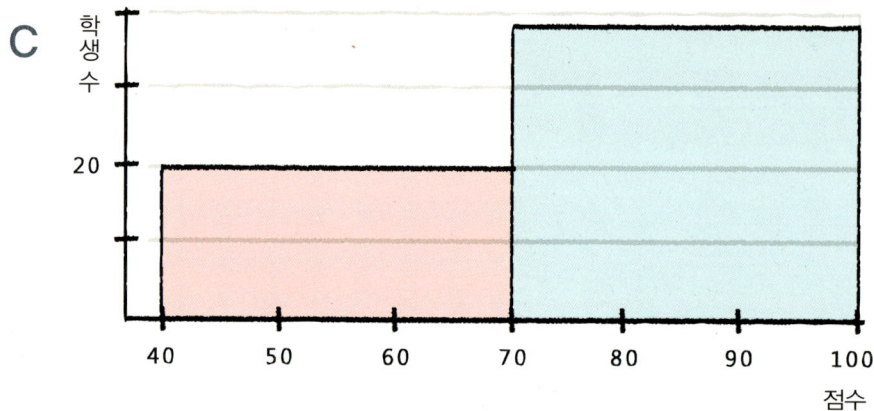

12 각 그래프에서 다른 점을 말해 보세요.

_____

_____

_____

13 (1) 각 그래프에서 가장 높은 막대를 찾아 보세요. 높이는 각각 얼마인 가요?

_____

_____

(2) 어떤 그래프가 가장 정확한가요?

_____

_____

(3) 각 그래프를 보고 얻을 수 있는 결론을 적어 보세요.

_____

_____

_____

(4) 막대의 폭이 변하면 정보에 어떤 영향을 주나요?

_____

_____

_____

최실장은 60명 학생들의 사회 성적을 다시 분석하기로 했습니다. 최실장은 자료 분석을 위해 평균을 사용할 예정입니다.

제가 말씀드렸죠. 프로그램 참가 전 시험 성적의 총합은 4260점이고, 프로그램을 마친 후 성적의 총합은 4560점이라구요.

14 (1) 프로그램에 참가하기 전, 학생 한 명의 평균 점수는 몇 점이라고 할 수 있을까요?

(2) 프로그램을 마친 후, 성적의 평균은 얼마인가요?

(3) 위의 결과로 박물관 프로그램이 학생들의 성적 향상에 도움을 주었다고 할 수 있을까요?

(4) 평균이 자료 전체를 대표한다고 할 수 있을까요?

15 자료를 살펴보던 오과장은 나중에 조사한 성적에서 단 한 명의 학생도 평균 점수를 받지 않았다는 사실을 알았습니다. 왜 그럴까요?

_____
_____
_____

16 A~C까지의 히스토그램에 평균을 세로선으로 그어 보세요. 〈활동지 14〉를 이용합니다.

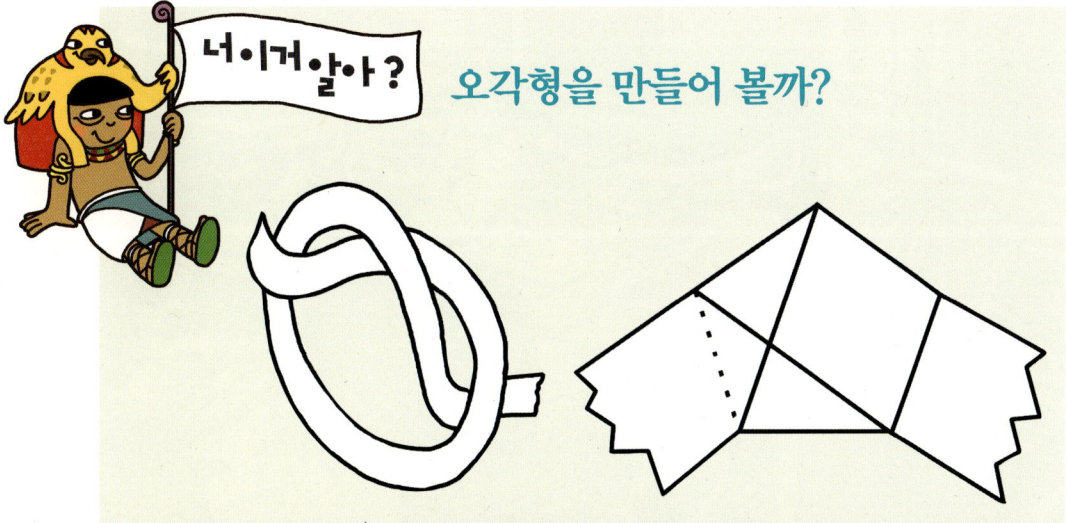

오각형을 만들어 볼까?

가로 2cm, 세로 15cm정도의 긴 종이를 준비합니다.

종이를 가지고 끈을 묶듯이 묶어보세요. 이때 종이를 너무 세게 잡아당기면 종이가 구겨지거나 끊어지니까 조심하세요.

살며시 잡아당기다가 더 이상 종이가 당겨지지 않을 때, 지그시 눌러주면서 종이를 살살 잡아당겨 봅니다. 그럼 종이는 오각형의 매듭을 만들어 낸답니다.

끝에 남는 부분은 접힌 종이 사이로 잘 밀어 넣어 보세요. 그러면 오각형을 만날 수 있답니다.

4. 평균에 대하여

미진이는 박물관 체험 행사에 참여하면서 주변의 많은 친구들이 체험 활동보다 컴퓨터 게임을 즐기고 있다는 사실을 깨달았습니다. 그래서 같은 반 친구들을 대상으로 일주일 동안 얼마나 게임을 하는지 조사했습니다. (단위는 시간입니다.)

3, 4, 5, 7, 0, 6, 3, 4, 7, 5, 5, 1, 3, 3, 1, 6, 5, 6, 2, 0

1. 위의 결과를 히스토그램으로 나타내고, 그린 그래프를 이용해 평균을 추측해 보세요.

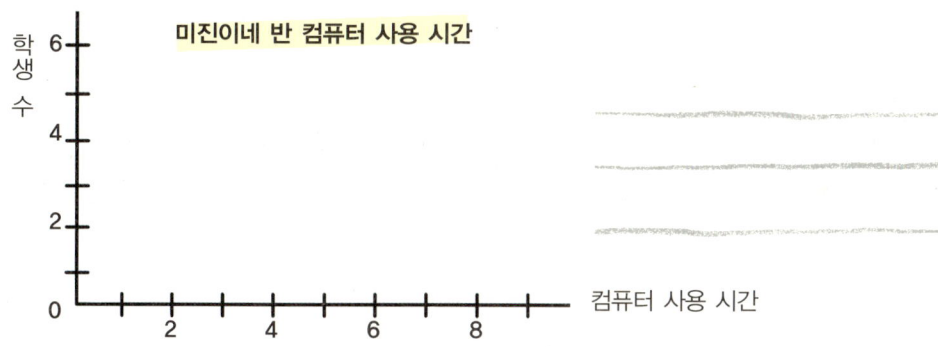

2. 미진이네 반 학생들의 컴퓨터 사용 시간의 평균을 계산해 보세요. 얼마인가요? 위에서 추측한 값과 일치하나요?

3. 위에서 계산한 평균은 미진이네 반 학생들의 컴퓨터 사용 시간을 대표할 수 있나요?

 박물관은 보여 준다 85

하늘이도 반 친구들을 대상으로 컴퓨터 사용 시간을 조사했습니다.
(단위는 시간입니다.)

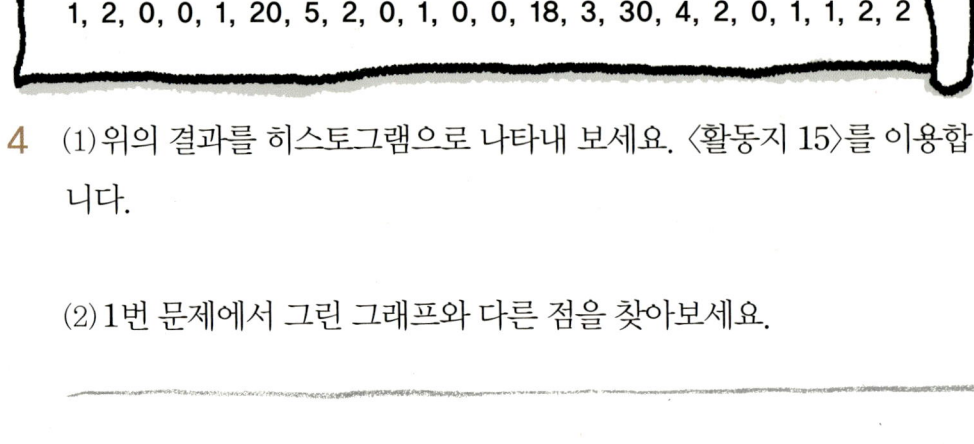

1, 2, 0, 0, 1, 20, 5, 2, 0, 1, 0, 0, 18, 3, 30, 4, 2, 0, 1, 1, 2, 2

4 (1) 위의 결과를 히스토그램으로 나타내 보세요. 〈활동지 15〉를 이용합니다.

(2) 1번 문제에서 그린 그래프와 다른 점을 찾아보세요.

5 4번 문제에서 그린 그래프를 이용해 평균을 추측해 보세요. 또, 실제로 평균을 계산해 보세요. 두 값이 차이가 많이 나나요?

6 위에서 계산한 평균이 하늘이네 반 학생들의 컴퓨터 사용 시간을 대표할 수 있나요?

7 두 반의 평균만 비교해 어느 반이 컴퓨터를 더 오래 사용한다고 할 수 있을까요? 그 이유를 말해 보세요.

올바른 분석을 위해서는 자료가 어느 정도의 값을 가지고 있는지 나타내는 것이 필요합니다. 자료의 최대값과 최소값의 차를 **범위**라고 합니다. 평균과 함께 범위가 제시되면 자료 전체를 이해하는 데 도움이 됩니다.

8 두 반의 범위를 구해 보세요. 또, 평균과 범위를 사용해 두 반의 컴퓨터 사용 시간에 대하여 이야기를 해 봅시다.

미진이네 반:

하늘이네 반:

태환이도 반 친구들의 컴퓨터 게임 시간을 조사했다고 합니다. 12명을 조사했는데, 평균이 4시간이고 범위는 9시간이라고 합니다. 컴퓨터 게임을 전혀 하지 않는 학생도 있었습니다.

9 12명의 컴퓨터 게임 시간을 만들어 보세요. 만든 결과를 친구들과 비교해 봅시다.

5. 상자로 나타내 보자

박물관에서는 문화재와 관련된 영상 자료를 상영합니다. 매월 주제를 정하여 다양한 문화재를 소개하고 있습니다. 관람객들은 자유롭게 시간에 구애받지 않고 동영상을 볼 수 있습니다. 그래서 동영상을 마련하는 자료 준비실에서는 관람객들이 영상 자료실에 머무르는 시간을 조사하여 적당한 동영상의 분량을 정하려고 합니다.

나미리 씨는 오전 방문객 50명을 대상으로 영상 자료실에 머문 시간을 조사하여 수직선에 표시했습니다. (단위는 분입니다.)

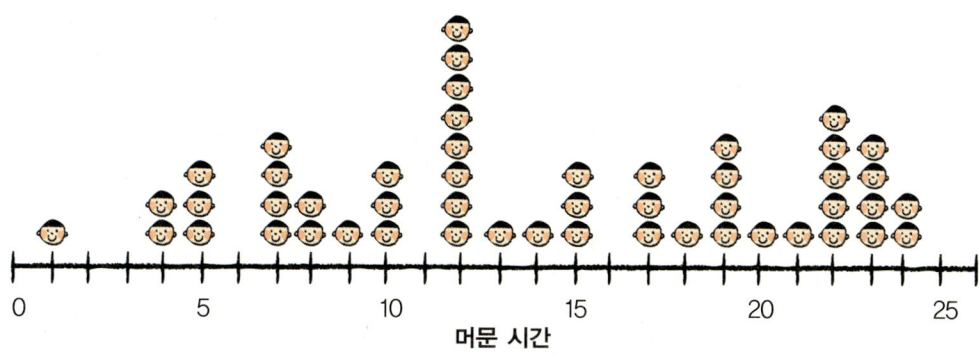

1 위의 그래프에서 최빈값을 구해 보세요.

2 50명의 관람객이 머문 시간 중에서 가장 중앙에 있는 값은 무엇인가요? 최빈값과 차이가 있나요?

위와 같이 자료의 중앙에 있는 값을 **중앙값**이라 합니다.

3 자료가 짝수개인 경우, 중앙값이 서로 다르다면 어떻게 해야 할까요?

_____
_____
_____

4 위 그래프에서 최대값과 최소값의 중간값은 얼마인가요? 중앙값을 비교해 보세요.

_____
_____
_____

나미리 씨는 아래와 같이 50명의 관람객 수를 똑같이 네 부분으로 나누었습니다.

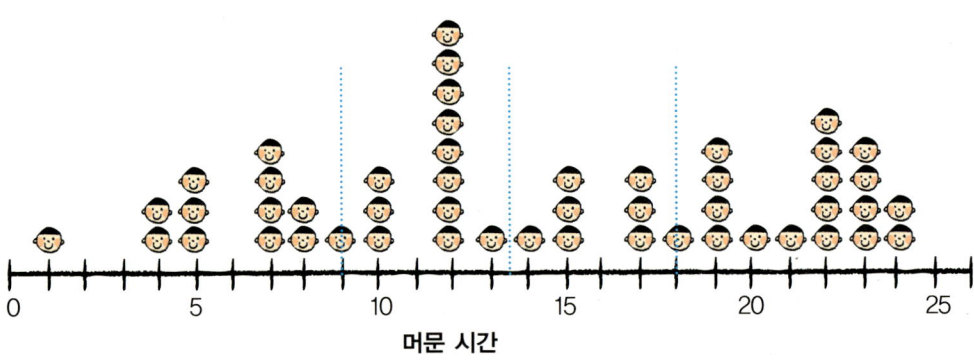

5 〈활동지 16〉을 이용해 4등분선을 그어 보세요.

〈활동지 16〉에 그린 4등분선을 이용해 아래와 같은 상자 그래프를 만들 수 있습니다.

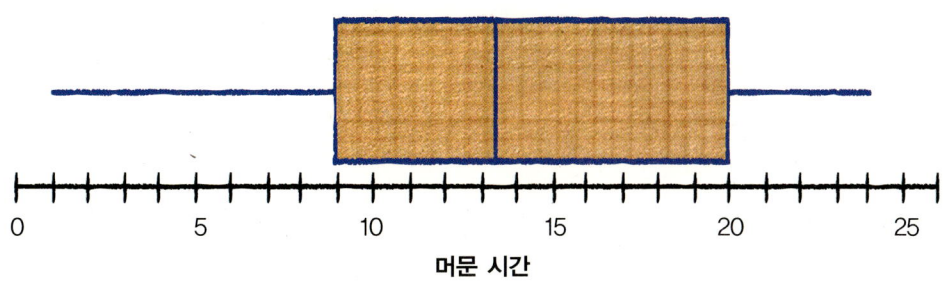

6 상자 그래프 그리는 법을 설명해 보세요.

7 양 옆의 선분은 무엇을 나타내나요?

8 상자 안에는 몇 명의 사람이 있나요? 이를 전체에 대한 분수로 나타내 보세요.

연습 문제

1 서울 지방의 연간 평균 강설량은 1.2cm입니다. 이는 최근 10년 동안의 기록을 계산한 것입니다.

(1) 지난 10년 동안 서울 지방에 내린 눈은 모두 몇 cm일까요?

_____

(2) 10년 동안 서울 지방에 내린 눈을 표로 만들어 보세요.

연도										
강설량										
평균과의 차										

(3) 위 평균 강설량을 근거로 해서 서울 지역에는 매월 $\frac{1.2}{12}=0.1$(cm)의 눈이 왔다고 할 수 있을까요?

_____
_____
_____

2. 본문에 나온 60명의 사회 시험 성적 두 종류를 상자 그래프로 나타내 보세요. 어떤 결론을 내릴 수 있나요?

전	후	전	후	전	후	전	후	전	후	전	후
45	84	63	90	72	78	70	77	70	70	75	72
96	88	89	95	78	78	75	77	78	75	78	75
78	79	92	89	81	93	90	89	67	68	71	71
66	60	55	62	68	65	58	60	63	63	65	68
72	90	57	55	60	66	62	90	55	60	64	65
88	90	59	95	67	77	67	69	86	92	95	97
50	51	84	90	83	80	75	89	88	85	72	81
57	44	77	78	91	95	74	79	58	51	68	89
61	61	70	68	55	55	42	50	59	64	88	85
80	75	81	79	50	86	49	62	90	99	83	92

상상 + 논술

각각의 그림을 보고 생각나는 것을 정리해 보세요. 이 단원에서 배운 것 중 어떤 내용이 떠오르나요? 떠오른 생각을 글로 써 보세요. 한 문장 이상이 되도록 적어 보세요.

우리나라 평균 직장인은
나이: 41.2세
가족: 자녀 1.7명
월급 352만 원인
것으로 조사되었다.

세 번째 이야기

박물관은 진화한다

우리는 살아가면서 많은 '선택'을 해야 합니다.
선택을 할 때 가장 먼저 생각해야 할 것은
'선택한 사항에 대한 가능성'입니다.
과연 내가 선택한 일이 얼마만큼의 실현 가능성이
있는지가 고려돼야 노력과 시간을 투자하는 것이
의미가 있겠지요.
　이 단원에서는 어떤 사건이 일어날
　　가능성에 대해 알아봅니다.

1. 어떤 것이 공정한가?

미진이는 사촌 홍석이와 함께 박물관 전시실을 둘러보고 있습니다. 전시실은 시대별로, 주제별로 독립적으로 배치되어 있고, 각 전시실에서는 다른 전시실로 중간의 연결 통로를 이용해 이동할 수 있습니다.

박물관 로비에는 특별 전시전에 대한 간단한 소개와 함께 미리 맛보기를 할 수 있는 간단한 컴퓨터 게임이 준비되어 있었습니다.

1   어떻게 문제를 해결해야 할까요?

　

2   미진이는 가위바위보로 결정하자고 합니다. 이 방법은 공정한가요?

홍석이는 "주사위를 던져서 1의 눈이 나오면 네가 해. 나머지 눈이 나오면 내가 할게."라고 말했습니다.

3 홍석이의 주장은 공정한가요?

4 "수학 시험 성적이 더 좋은 사람"이 먼저 하기로 한다면, 이것은 공정한가요?

5 다른 방법을 찾아서 말해 보세요.

미진이와 홍석이는 주사위를 사용해 결정하기로 했습니다.

6 주사위를 던지면 모두 몇 가지 경우가 나오나요?

7 주사위를 사용하여 공정하게 결정하려면 어떻게 해야 할까요? 여러 가지 방법을 말해 보세요.

함께 전시실을 둘러보던 하늘이는 마시던 음료수병을 주며 "바닥에 이 병을 놓고 돌리자. 이 병이 멈췄을 때, 병의 입구가 바라보고 있는 사람 먼저 하는 건 어때?"하고 말했습니다.

8 하늘이의 주장은 공정한가요?
_____

9 하늘이의 주장이 공정하려면 어떤 준비가 필요할까요?
_____
_____
_____

미진이는 "동전을 던지자. 동전을 던져서 앞면이 나오면 내가, 뒷면이 나오면 네가 해."라고 말했습니다.

10 미진이의 주장은 공정한가요? 그렇게 생각하는 이유를 말해 보세요.

___

동전이 똑바로 서면 어떻게 하지?

11 홍석이의 주장은 합당한가요?

12 하늘이의 방법은 공정한가요? 그 이유를 말해 보세요.

하늘이는 어제 수업 시간에 만든 주사위를 꺼냈습니다. 주사위에는 아직 아무것도 없습니다.

13 주사위에 검은색과 흰색 스티커를 붙여서 던지기로 했습니다. 공정하게 순서를 정하려면 어떻게 붙여야 할까요?

오른쪽 그림과 같은 둥근 원판을 사용해도 공정하게 순서를 정할 수 있습니다. 화살표를 돌려서 빨간색 부분에 멈추면 미진이가, 파란색 부분에 멈추면 홍석이가 하기로 했습니다.

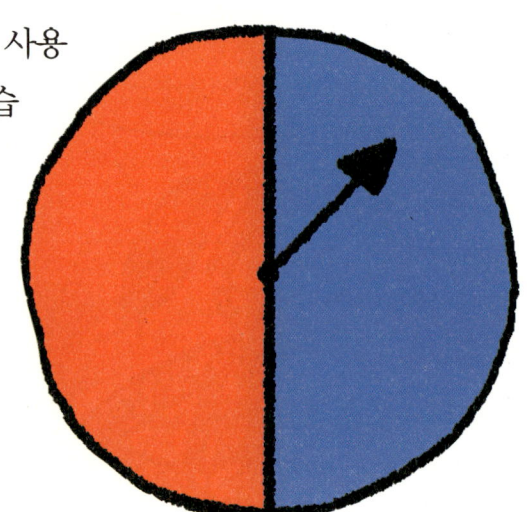

14 이 방법은 공정한가요?

15 그림과 같은 태극 무늬 회전판을 이용하면 공정한가요? 그렇게 생각하는 이유는 무엇인가요?

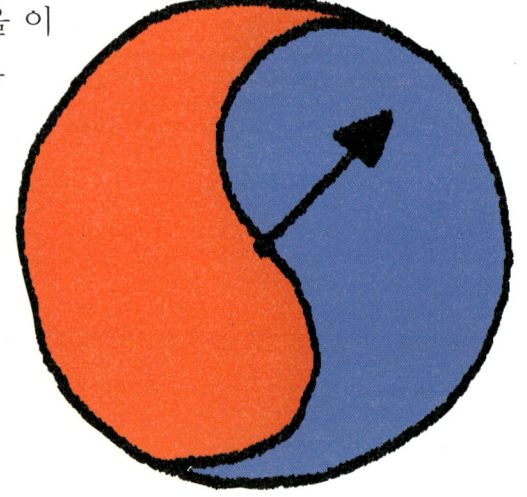

이번에는 하늘이도 게임을 하고 싶어합니다. 이제 3명이 순서를 정해야 합니다.

16 세 명이 게임의 순서를 정하려면 회전판을 어떻게 바꿔야 할까요? 방법을 이야기해 보세요.

_____
_____
_____

17 회전판을 삼각형으로 만들어도 괜찮을까요? 공정하게 정할 수 있도록 삼각형을 만들려면 어떤 삼각형이 편리할까요?

_____
_____
_____

18 주사위를 이용할 수 있을까요? 방법을 말해 보세요.

_____
_____
_____

19 동전을 이용할 수 있을까요? 방법을 말해 보세요.

_____
_____
_____

2. 가능성에 대하여

게임을 마친 미진이는 다음 전시실로 향했습니다.

미진이와 홍석이의 대화 중에서 밑줄 친 부분을 생각해 봅시다.

1 ①에서 ④까지 각각의 경우가 일어날 수 있을까요? 아래 상자에 생각한 결과에 √ 표시해 보세요.

	전혀 가능성이 없다.	잘 모르겠다.	확실히 일어날 가능성이 있다.
①	☐	☐	☐
②	☐	☐	☐
③	☐	☐	☐
④	☐	☐	☐

2 다음에 대해 일어날 수 있는 일인지 생각해 보고 그 정도를 아래 선에 표시하세요. 일어날 가능성이 적을수록 왼쪽으로, 가능성이 많을수록 오른쪽으로 표시를 합니다.

(1) 로또 복권에 당첨이 된다.
(2) 내일 학교에 지각한다.
(3) 1시간 후에 비가 온다.
(4) 지구는 지금도 돌고 있다.
(5) 개구리 중사 케로로가 우리집 뒷마당에 살고 있다.

←가능성 없음　　　　　　　　　　가능성 많음→

3 다음을 읽고 수직선에 표시해 보세요.

(1) 그 일은 반드시 일어날 것이다.
(2) 그 일은 절대로 일어나지 않는다.
(3) 일어날 수 있다.
(4) 거의 일어나지 않을 것이다.
(5) 아마 일어날 것이다.
(6) 일어날 가능성은 절반 정도이다.
(7) 일어날 가능성은 0%이다.
(8) 100% 확실하게 일어날 것이다.
(9) 일어날 가능성은 50%이다.
(10) 일어나지 않을 가능성은 반의 반 정도이다.

0% ← 가능성 없음　　　　　　　　가능성 많음 → 100%

4 주사위 한 개를 던졌을 때, 다음이 일어날 가능성을 생각해 보고 수직선에 표시해 보세요. 표시한 이유도 설명해 봅시다.

(1) 1의 눈이 나오는 경우
(2) 짝수의 눈이 나오는 경우
(3) 홀수의 눈이 나오는 경우
(4) 6의 약수의 눈이 나오는 경우
(5) 6 이하의 눈이 나오는 경우
(6) 5의 배수의 눈이 나오는 경우
(7) 7의 눈이 나오는 경우

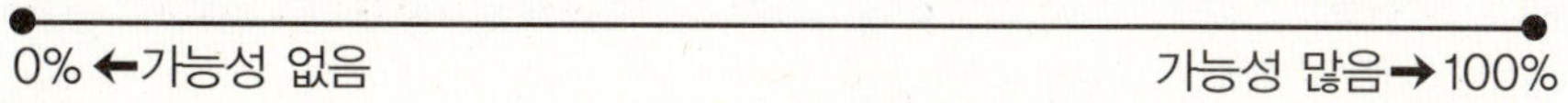

0% ← 가능성 없음   가능성 많음 → 100%

전시실을 둘러보던 미진이는 휴게실에 들어갔습니다. 전시실 사이에 마련된 휴게실에는 조용한 음악이 흐르고 편히 앉아서 쉴 수 있는 의자가 마련되어 있습니다.

휴게실에서 탱탱볼을 가지고 놀던 홍석이는 공을 어디론가 떨어드렸습니다. 주위를 둘러보던 홍석이는 검은 타일 위에 놓인 공을 발견했습니다.

5 아래 그림은 '구름의 방'과 '안정의 방' 바닥 모습입니다. 홍석이는 어느 방에서 검은 타일 위에 놓인 공을 쉽게 찾았을까요?

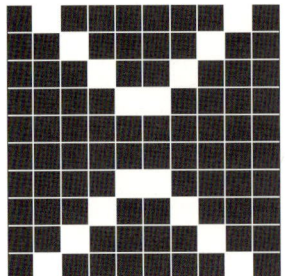 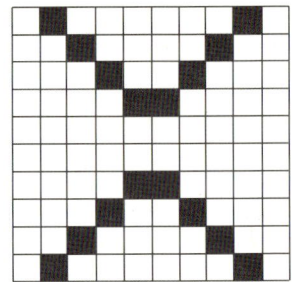

구름의 방　　　　　　　　　　안정의 방

110

6 오른쪽 그림과 같이 공이 흰 타일 위에 놓여 있었다면, '구름의 방'과 '안정의 방' 중 어느 곳에서 더 쉽게 찾을 수 있었을까요?

마구 굴러다니던 공이 검은 타일 위에서 멈췄습니다.

7 아래 바닥의 경우에 공이 검은 타일 위에서 멈출 가능성을 수직선에 표시해 보세요. 그렇게 생각하는 이유를 설명해 보세요.

 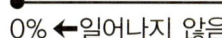

0% ←일어나지 않음   일어난다 100%

8 바닥의 타일이 오른쪽 그림과 같다면, 공이 검은 타일 위에 멈출 가능성은 얼마나 될까요? 수직선에 표시해 보세요.

0% ←일어나지 않음   일어난다 100%

9 왼쪽 타일에서 공이 검은 타일 위에 멈출 가능성과 흰 타일 위에 멈출 가능성은 같다고 할 수 있을까요?

10 공이 검은 타일 위에 멈출 가능성이 $\frac{1}{2}$이 되도록 오른쪽 타일에 색을 칠해 보세요.

11 색을 칠한 후, 옆 사람과 비교해 봅시다.
 (1) 어떤 점이 같은가요?

 (2) 어떤 점이 다른가요?

세상은 얼마나 좁은가!

하버드 대학의 심리학 교수인 스탠리 밀그램(Stanley Milgram)은 1967년에 재미있는 실험을 했습니다.

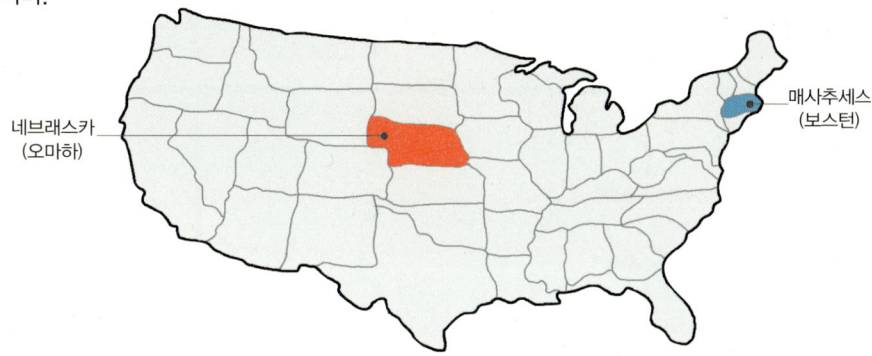

그것은 네브래스카의 오마하라는 도시에 사는 사람 중에서 160명을 임의로 뽑았다고 합니다. 이렇게 160명을 뽑아서 160통의 편지를 각자에게 전달했다고 합니다. 그 편지는 오마하에 사는 160명의 사람들이 보스턴의 한 금융 기관에 근무하고 있는 사람에게 전달해야 하는 것입니다. 그 편지의 내용은 이렇답니다.

> "이 편지는 보스턴의 ○○○에 살고 있는 한 금융인에게 전달되어야 합니다. 이 금융인의 이름을 보고 귀하가 알고 있는 사람 중 그 사람에게 가장 근접하다고 생각되는 사람에게 발송해 주시기 바랍니다."

이 편지는 보스턴의 금융인을 향해 '아는 사람에서 아는 사람으로' 전달되어 갔습니다.
여러분도 한번 상상해 보세요. 아주 먼 거리에 살고 있는 전혀 모르는 사람에게 그 편지가 어떻게 전달될 수 있을까요? 몇 명이나 거쳐야 그 사람에게 전달될 수 있을까요?
160통의 편지 중에 보스턴의 금융인에게 전달된 편지는 42통이나 된다고 합니다.
그렇다면 몇 명이나 거쳐서 금융인에게 편지가 전달되었을까요? 한 100명쯤?
그 편지를 처음 받았던 오마하의 사람들은 약 100명쯤을 거쳐야 보스턴의 금융인에게 그 편지가 전달될 것이라고 생각했다고 합니다. 그런데 놀랍게도 42통의 편지는 평균 약 5~6명만을 거쳐서 전달되었다고 하네요. 놀랍지 않나요!

3. 몇 가지나 있을까?

휴게실에서 휴식을 취한 미진이와 홍석이는 2층으로 올라갔습니다. 2층은 다음 그림과 같이 전시실이 배치되어 있으며, 주제별로 여러 가지 유물이 전시되어 있습니다.

복도 중앙에 선 미진이와 홍석이는 어느 전시실을 들어갈지 고민하고 있습니다. 미진이가 어느 전시실을 선택할지 그 가능성은 같습니다.

20명의 사람들이 몰려왔습니다.

1. 각 사람들이 각각 전시실을 선택한다고 할 때, 제1전시실을 선택하는 사람들은 몇 명일까요?

2. 각 사람들이 각각 전시실을 선택한다고 할 때, 제3전시실을 선택하는 사람들은 몇 명일까요?

3. 제3전시실과 제5전시실을 선택하는 사람들의 수는 차이가 날까요? 그렇게 생각하는 이유는 무엇인가요?

앞의 전시실 상황을 오른쪽과 같이 단순화하여 나타낼 수 있습니다. 이를 **수형도**라고 하며, 수형도를 이용하면 모든 경우의 수를 생각할 때 도움이 됩니다.

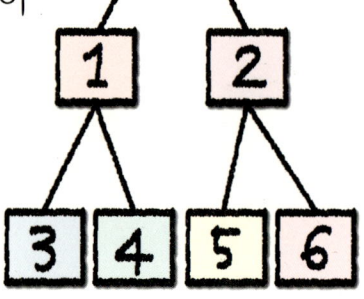

4 미진이가 제4전시실에 들어갔다면 지나갔을 길을 전시실 모형도와 수형도에 표시해 보세요. 〈활동지 17〉을 이용합니다.

3층의 전시실은 아래 그림과 같이 배치되어 있습니다.

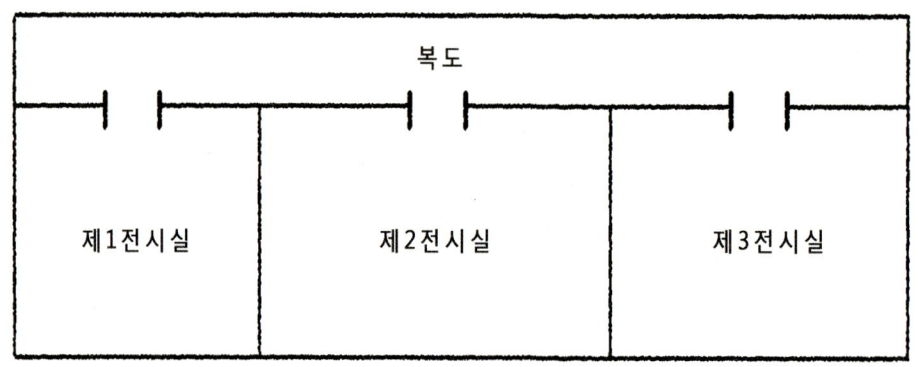

5 (1) 위 그림을 수형도로 그려보세요. 〈활동지 17〉을 이용합니다.

(2) 30명의 사람이 각자 전시실을 선택한다면 제1전시실을 선택하는 사람은 몇 명일까요?

(3) 복도 중앙에 선 미진이 역시 고민을 하고 있습니다. 미진이가 제1전시실을 선택할 가능성은 얼마나 될까요?

다른 전시실로 옮겨갔습니다. 전시실 입구에 오른쪽 수형도가 배치되어 있습니다. 60명의 관람객이 각자 전시실을 선택했다고 합니다.

6 (1) 제1전시실을 선택하는 사람은 몇 명일까요?

(2) 제5전시실을 선택하는 사람은 몇 명일까요?

(3) 미진이가 제7전시실을 선택할 가능성은 얼마인가요?

또 다른 전시실 입구에 있는 수형도입니다. 미진이가 전시실을 관람하려고 합니다.

7 (1) 미진이가 제3전시실을 선택할 가능성은 얼마인가요?

(2) 미진이가 제6전시실을 선택할 가능성은 얼마인가요?

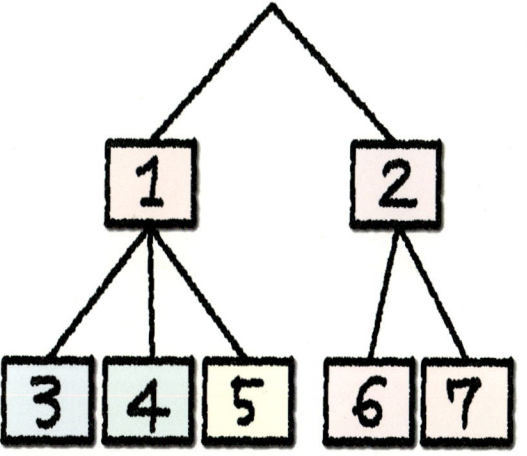

3층 전시실까지 둘러본 미진이와 홍석이는 잠시 매점에 들렀습니다.

어느 것을 주문할까 고민하고 있는 미진이에게 홍석이가 말했습니다.
"모두 다 먹고 싶지만, 하나씩 골라야겠지? 햄버거 하나와 음료수 하나를 고르는 방법은 모두 몇 가지가 있을까?"

8 햄버거 하나와 음료수 하나를 고르는 방법은 모두 몇 가지일까요?
_____
_____

9 8번에서 어떻게 답을 구했는지 설명해 보세요.
_____
_____
_____
_____

수형도를 이용하면 경우의 수를 알기 쉽습니다. 메뉴를 정하는 경우에도 수형도를 이용하면 편리합니다.

10 (1) 햄버거와 음료수를 고르는 경우를 수형도로 그려 보세요. 〈활동지 18〉을 이용합니다.

(2) 모두 몇 가지 경우가 생기나요? 8번 문제의 결과와 같은가요?

어느 것을 먹을까 고민하던 홍석이는 눈을 감고 메뉴판을 손가락으로 찍었습니다.

11 '치즈버거+오렌지 주스'를 고를 가능성은 얼마인가요? 분수로 나타내 보세요.

12 홍석이는 "내가 치킨버거와 사이다를 고를 가능성은 $\frac{1}{7}$이야"고 말했습니다. 홍석이의 말은 옳을까요?

13 단체 관람객이 60명 왔습니다. 이들 중에서 '새우버거+콜라'를 고르는 사람은 몇 명이나 될까요?

추가 메뉴로 감자스틱과 샐러드 중 하나를 선택하여 주문하려고 합니다.

14 10번에서 수형도를 확장해 추가 주문의 경우까지 모든 경우를 그려보세요. 모두 몇 가지 경우가 나오나요? 〈활동지 19〉를 이용합니다.

15 14번에서 그린 수형도에서 마지막에 정리된 각 경우마다 일어날 가능성은 같은가요?

재미있는 달걀 퍼즐

달걀 모양의 퍼즐을 가지고 여러 가지 모양을 만들어 봅니다.
일단 달걀 퍼즐이 어떻게 생겼는지 볼까요?

이제 어떤 조각들이 있는지 살펴봅시다.

삼각형이 2개가 있네요. 그리고 부채꼴 모양도 보이고. 달걀이 둥그니까 조각들도 둥근 모양을 이루는 것이 있습니다.

그림 이 달걀 퍼즐로 만든 모양들을 한번 볼까요?

4. 즐거운 놀이

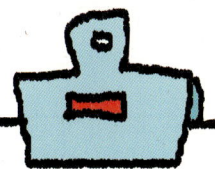

준비물_ 서로 다른 크기나 모양의 주사위 두 개

놀이의 규칙

1. 먼저 두 주사위를 던져서 나올 수 있는 두 눈의 합을 하나 고릅니다. (당연히 나올 가능성이 많은 수를 고르는 것이 좋겠죠.)
2. 실제로 두 개의 주사위를 차례로 던져서 두 눈의 합이 1번에서 고른 수가 먼저 나오는 사람이 이깁니다.

1. 종이를 한 장 준비해 주사위 두 개를 던져 나온 눈의 합을 모두 써 보세요.
2. 어떤 값을 고르는 것이 좋을까요?
3. 두 사람씩 짝을 지어 놀이를 해 봅시다. 〈활동지 19〉를 이용해 결과를 기록해 보세요. 놀이는 6회 진행합니다. 이긴 횟수도 기록합니다.
4. 두 사람이 고른 숫자가 같다면, 누가 먼저 놀이를 시작하는 것이 좋을까요? 방법을 말해 보세요.

	나	짝	이긴 사람
	고른 숫자		
1회			
2회			
3회			
4회			
5회			
6회			

놀이를 다섯 번 정도 계속합니다. 각각의 결과를 〈활동지 20〉에 기록합니다.

5 놀이를 마친 후, 처음에 고른 숫자를 바꾸는 것이 좋겠다고 생각하나요? 만약에 바꾸고 싶다면 어떤 수로 바꾸는 것이 좋을지 말해 보세요.

6 두 개의 주사위를 던졌을 때 나오는 눈의 경우를 표로 나타낼 수 있습니다. 빈칸에 두 눈의 수의 합을 적어 보세요. 〈활동지 21〉을 이용합니다.

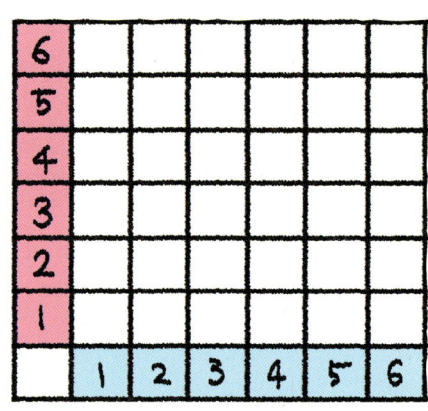

7 두 개의 주사위를 던졌을 때, 나올 수 있는 경우는 모두 몇 가지인가요?

8 두 개의 주사위를 던졌을 때, 나온 눈의 합이 8이 되는 경우를 모두 찾아보세요. 몇 가지인가요?

9 앞의 놀이에서 어떤 숫자를 고르는 것이 좋을까요? 말해 보세요.

---

10 두 개의 주사위를 동시에 던졌을 때, 같은 숫자의 눈이 나올 가능성은 얼마인가요?

---

11 두 개의 주사위를 던졌을 때, 합이 7이 되는 경우와 합이 12가 되는 경우의 가능성이 서로 같은가요?

너 이거 알아? 올림픽에 얽힌 숫자

1988년엔 서울에서 올림픽이 열렸답니다.
 벌써 20년 전이군요. 여러분은 아직 이 세상에 없었을 테지요.
 올림픽에 관련된 숫자들을 한번 알아볼까요?
올림픽은 4년마다 열립니다. 처음 근대의 올림픽이 열린 것은 1896년 그리스 아테네입니다. 오대륙을 상징하는 오륜기를 올림픽기로 사용합니다. 서울 올림픽에는 159 개국 8,465명(여 : 2,186명, 남 : 6,279명)의 선수들이 237개 종목에 참가하였습니다. 대한민국은 금메달 12개, 은메달 10개, 동메달 11개를 따서 역대 최고 성적인 4위를 했답니다.

연습 문제

1 다음을 공정한 선택이라고 할 수 있을까요?

- 시험 볼 때, 연필을 굴려서 답을 적었어.
- 친척들이 모여서 윷놀이를 하는데, 윷 하나를 던져서 어느 팀이 먼저 할 것인가를 정했어.
- 점심을 가장 늦게 먹은 사람이 자기 분단 뒷정리를 해.

2. 아래 회전판은 공정한 선택을 위해 만든 것입니다.

(1) 몇 명이 사용하기에 적당한가요?

(2) 회전판에서 주황색을 선택할 가능성은 얼마일까요? 분수나 퍼센트로 답해 보세요.

(3) 회전판의 검은색을 선택할 가능성과 같도록 아래 타일을 색칠해 보세요.

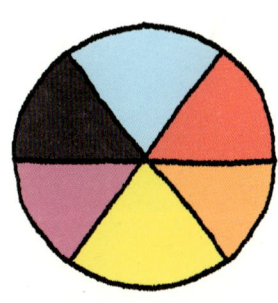

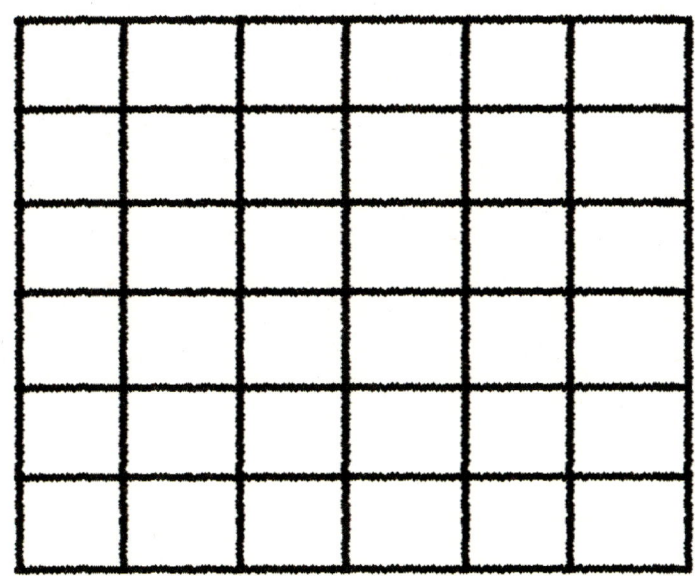

3 영국의 존 커스리치라는 수학자는 제2차 세계대전 중 감옥에 수감되었습니다. 그는 감옥에서 무료한 시간을 의미있게 보내기 위해서 동전 던지기 실험을 했다고 합니다. 동전을 10,000번 던져서 그 결과를 표로 정리하였는데, 오른쪽의 표는 그 일부분입니다.

던진 횟수	앞면이 나온 횟수
1	0
2	0
3	1
4	1
5	2
6	2
7	3
8	3
9	4

(1) 동전을 네 번 던졌을 때, 앞면이 나온 횟수는 얼마인가요?

(2) 동전을 여덟 번 던졌을 때, 앞면이 나온 횟수는 얼마인가요?

(3) 존 커스리치가 동전 실험을 끝마쳤다고 생각해 봅시다. 앞면은 모두 몇 번 나왔을까요?

(4) 동전을 던지는 횟수가 늘어날수록 앞면이 나올 가능성은 얼마가 될까요? 분수로 나타내 보세요.

(5) 이 실험에서 동전을 열 번 던질 때까지 계속 뒷면이 나왔다고 합시다. 그렇다면 열한 번째 실험에서도 뒷면이 나올까요?

4 자녀가 세 명인 가정이 200가구 있습니다.

(1) 수형도를 사용하여 나타낼 수 있는 모든 경우를 구해 보세요. 〈활동지 22〉을 이용하세요.

(2) 200개의 가구 중에서 아들만 세 명인 가구는 모두 몇 가구일까요?

(3) 200개의 가구 중에서 아들 한 명, 딸 두 명인 가구는 모두 몇 가구일까요?

(4) 아들 두 명, 딸 한 명인 가구 수는 (3)번에서 구한 가구 수와 같을까요, 다를까요?

5 어느 텔레비전 서바이벌 게임에서는 참가한 팀을 대상으로 '마지막 대박을!'이라는 코너를 진행합니다. 참가자는 이 게임에서 이기면 지금까지 적립한 상금의 두 배를 받을 수 있습니다.

게임 종료까지 시간이 얼마 남지 않았습니다. 한 곳만 팔 수 있다면, 어느 곳을 파야 할까요? 그림에 표시하고, 그곳을 고른 이유를 말해 보세요.

사면체를 만들어 봅시다

사면체를 알고 있나요?
이 책 시리즈 〈도형〉 편에서 볼 수 있었답니다.
4개의 면으로 이루어진 입체 도형을 말합니다.
그럼 이 입체 도형을 전개도 없이 한번 만들어 볼까요?

1. 먼저 원통 모양을 만들 수 있는 종이와 접착용 테이프를 준비합니다.
2. 먼저 종이를 말아 원통을 만듭니다. 위쪽을 반듯이 접어 테이프로 붙여줍니다.
3. 아래쪽은 위쪽과는 수직 방향으로 접어 테이프를 붙여주세요.
4. 마지막으로 사면체의 모양이 나올 수 있도록 종이를 잘 만져주세요.

각각의 그림을 보고 생각나는 것을 정리해 보세요. 이 단원에서 배운 것 중 어떤 내용이 떠오르나요? 떠오른 생각을 글로 써 보세요. 한 문장 이상이 되도록 적어 보세요.

memo

memo

memo

새로 쓰는

초등 수학 교과서

활동지

활동지 1

15m

10m

5m

memo

활동지 2

다보탑

경천사 10층 석탑

원각사지 10층 석탑

분황사 석탑

미륵사지 석탑

memo

활동지 3

12 표를 보고 그래프를 완성해 보세요.

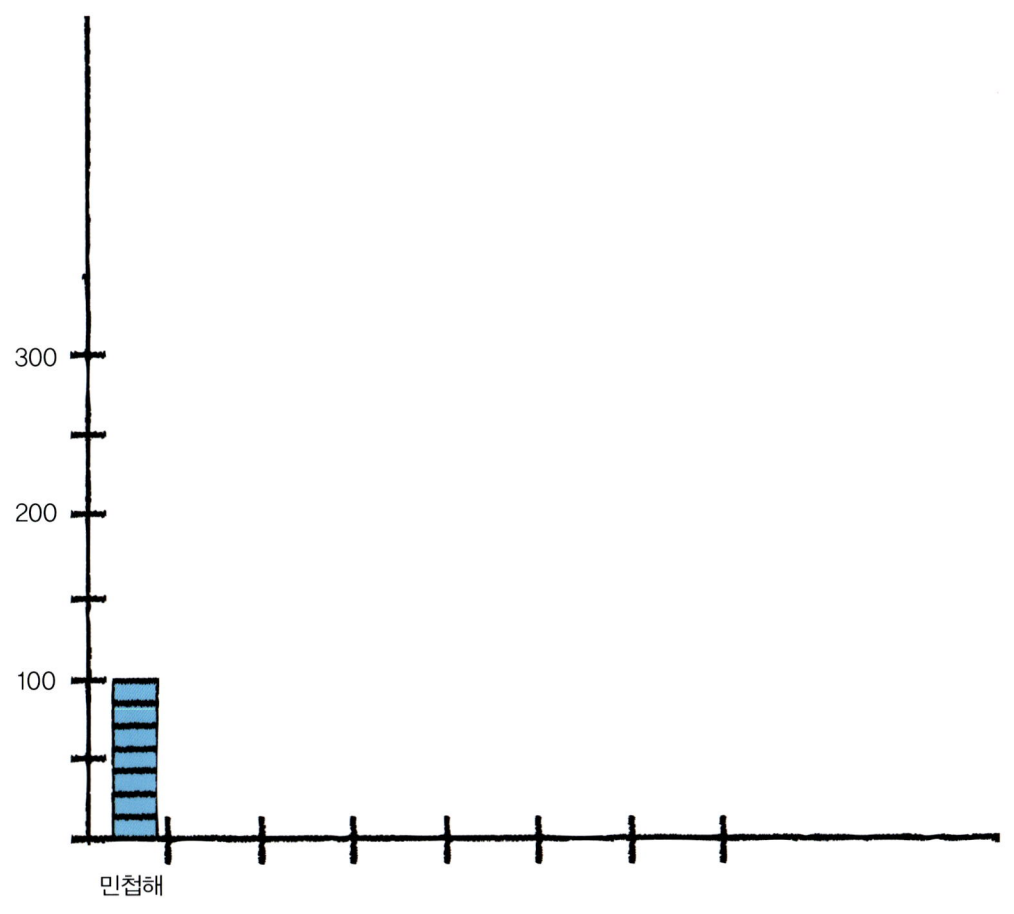

memo

활동지 4

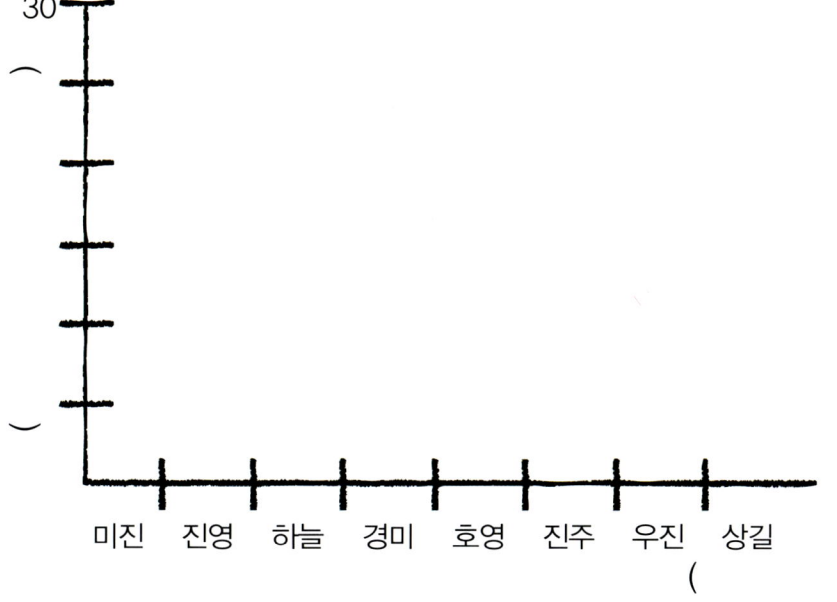

18 위의 막대그래프를 완성해 보세요.

memo

활동지 5

5 설문 조사 A에 대하여 보고서를 작성하려고 합니다. 아래의 원 그래프 중에서 나타내기 편한 것 하나를 골라 그래프를 그려 보세요.

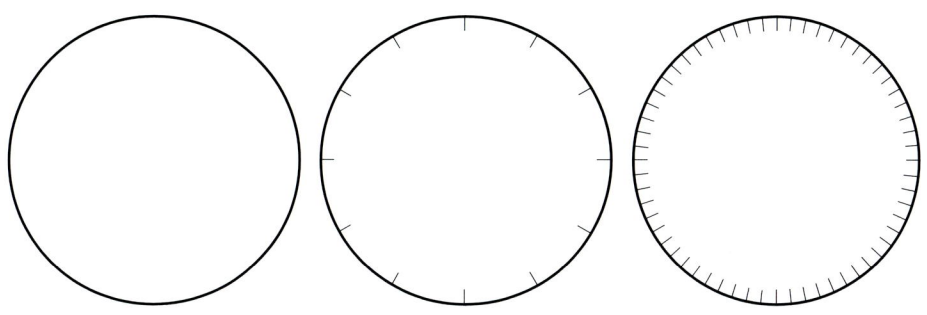

6 설문 조사 B도 원 그래프로 그려 보세요. 어느 원이 편한가요?

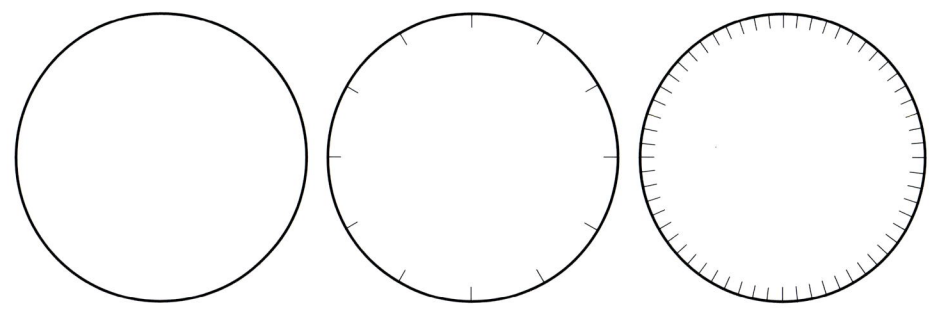

memo

활동지 6

8 위의 자료를 막대그래프로 정리해 보세요.

9 위의 자료를 원그래프로 정리해 보세요.

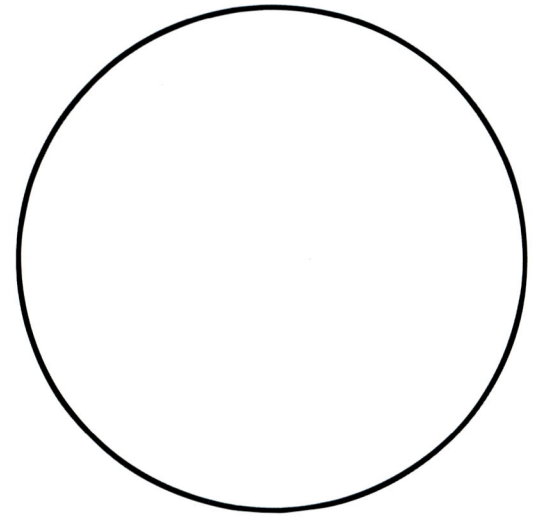

memo

활동지 7

3 그 숫자를 나타내는 가로선을 그어 보세요.

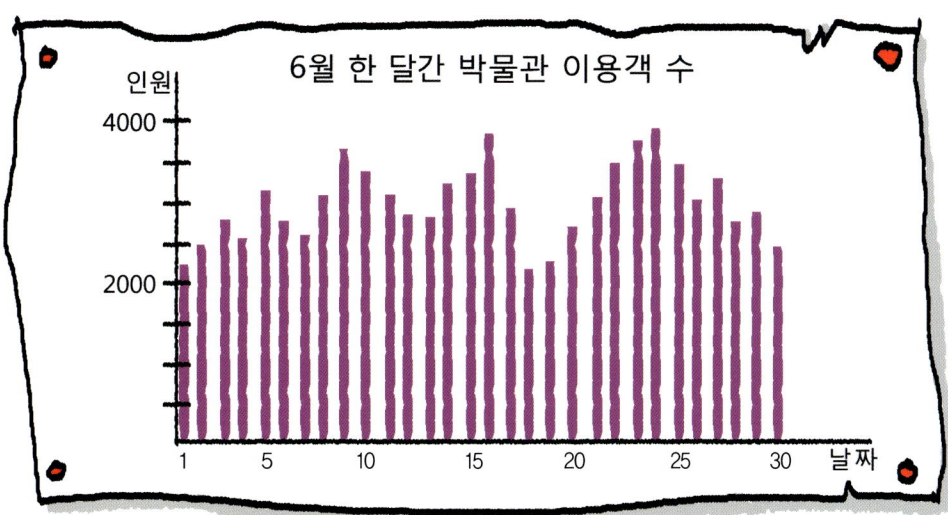

memo

활동지 8

7 태환이네 모둠은 한 사람당 몇 장의 행운권을 갖고 있는지 알아보세요.

태환	유림	성모	구훈	예슬	민아

memo

활동지 9

9. 3년 전 기온의 연 평균 기온을 알아보려고 합니다. 3년 전 연 평균 기온을 나타내는 가로선을 그어 보세요.

10. 작년 기온의 연 평균 기온을 나타내는 가로선을 그어 보세요. 최대안 씨의 의견은 타당한가요?

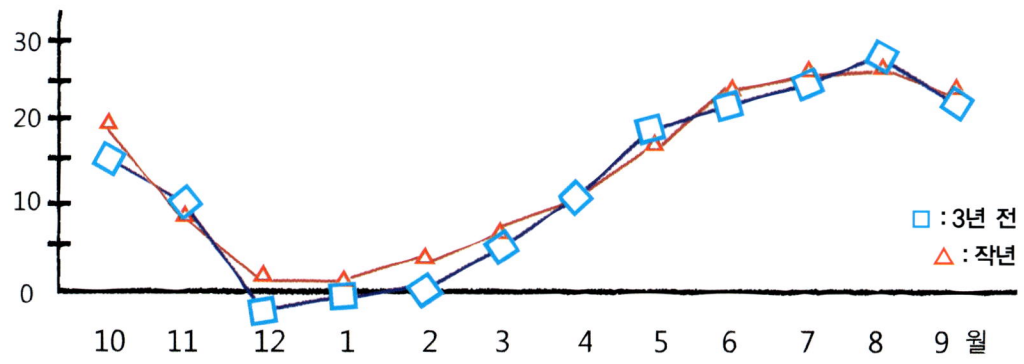

서울의 월 평균 기온

memo

4 (3) 다른 두 학교에 대한 그래프를 그려 보세요.

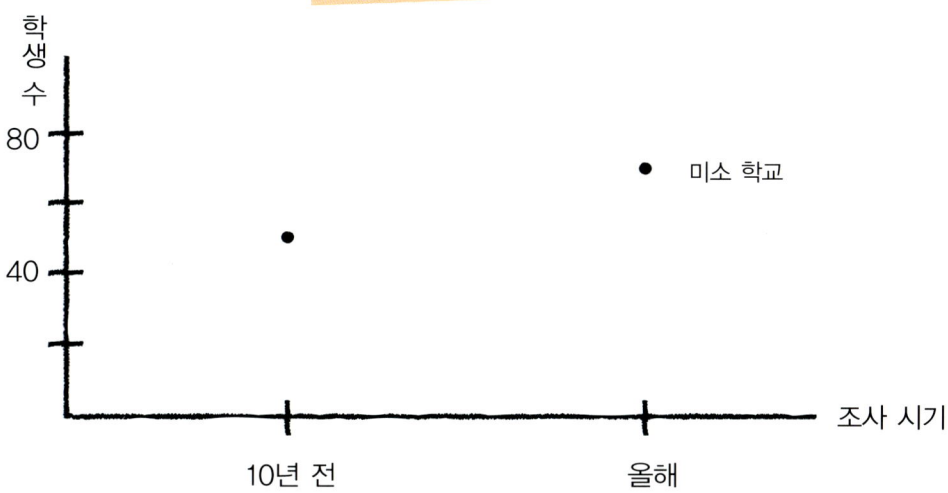

memo

활동지 11

1 표에 있는 색깔이 칠해진 점 다섯 개를 그래프에 나타내 보세요.

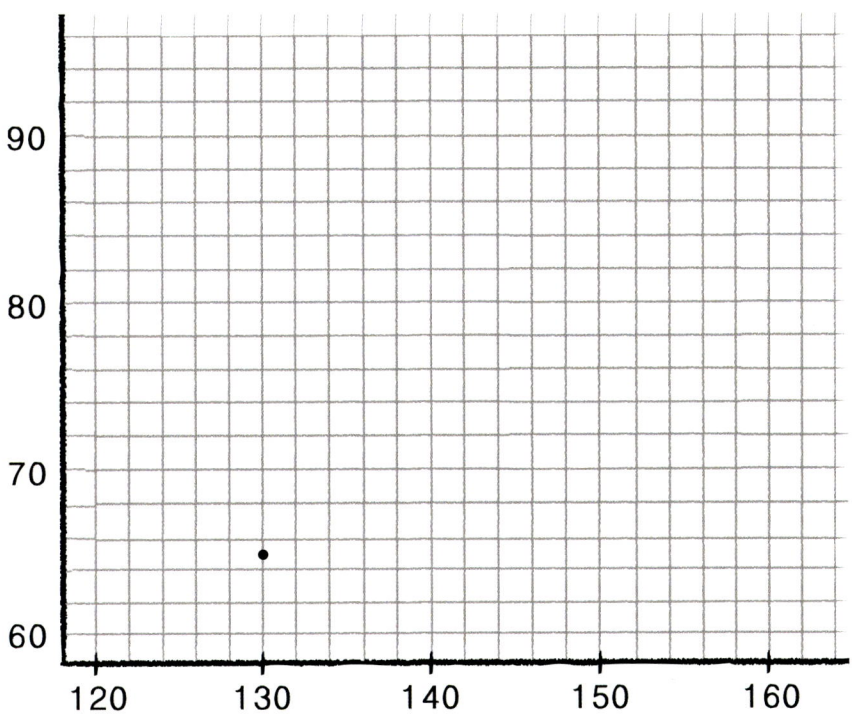

memo

활동지 12

8 줄기와 잎 그림을 크기 순으로 정리하여 다시 만들어 보세요.

	강의 수
0	
1	
2	
3	

memo

활동지 13

10 그래프의 빈 곳에 적당한 직사각형을 그려 보세요.

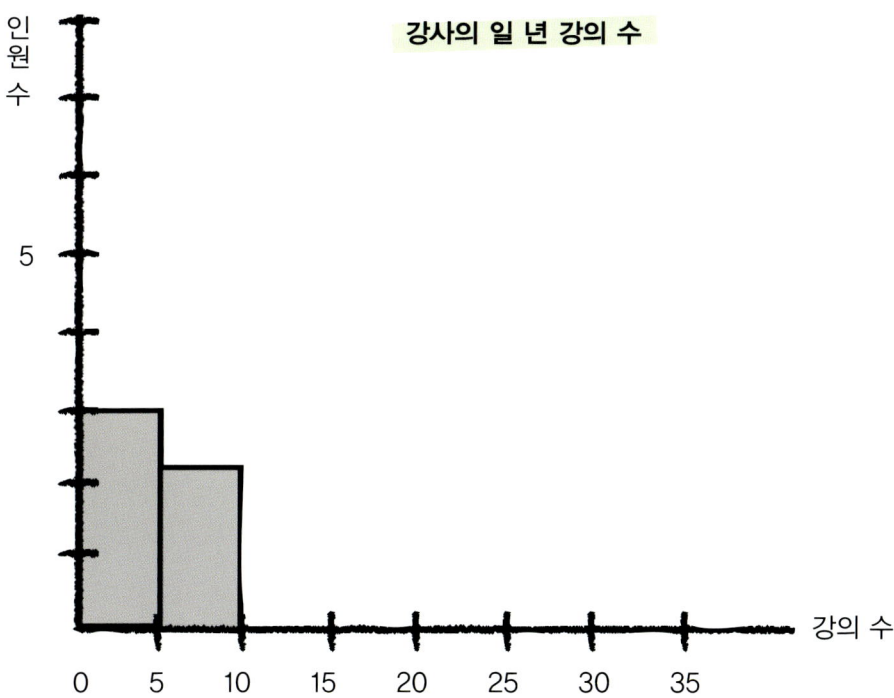

memo

활동지14

학생들의 사회 성적

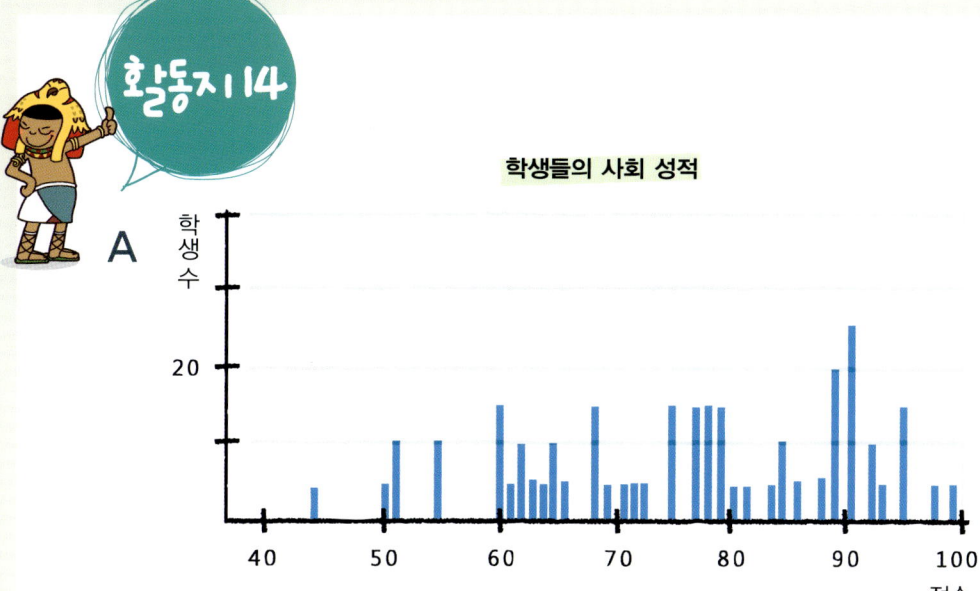

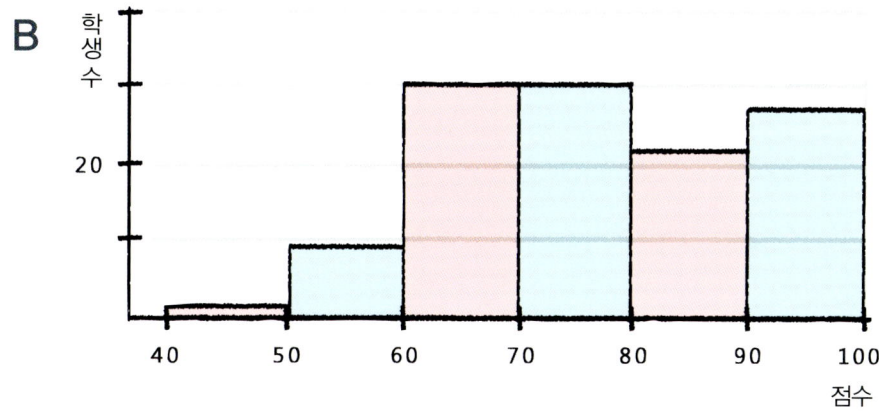

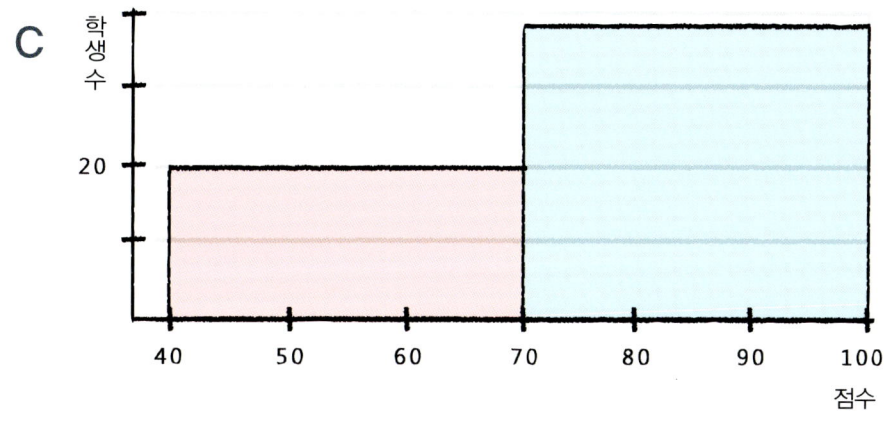

memo

1, 2, 0, 0, 1, 20, 5, 2, 0, 1, 0, 0, 18, 3, 30, 4, 2, 0, 1, 1, 2, 2

4 (1) 위의 결과를 히스토그램으로 나타내 보세요.

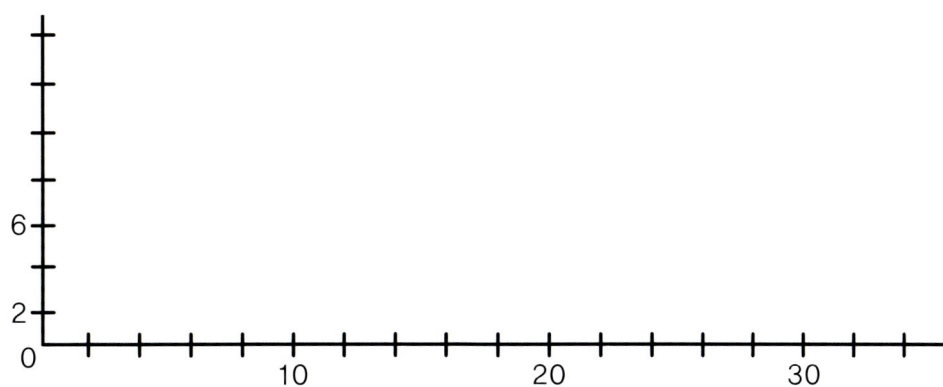

memo

활동지 16

5 4등분선을 그어 보세요.

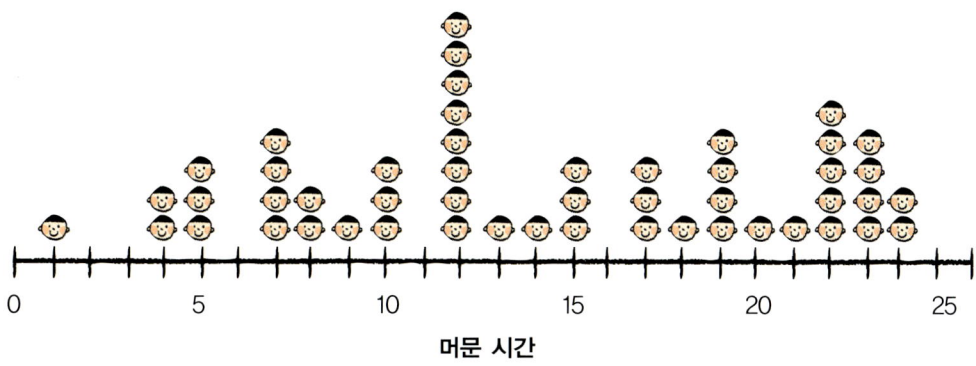

영상 자료실 관람객 수

머문 시간

memo

4 미진이가 제4전시실에 들어갔다면 지나갔을 길을 전시실 모형도와 수형도에 표시해 보세요.

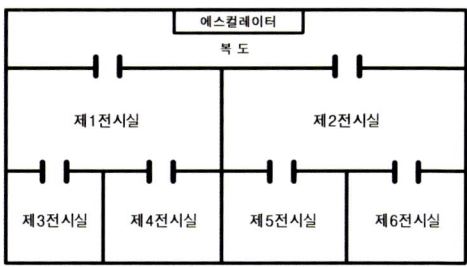

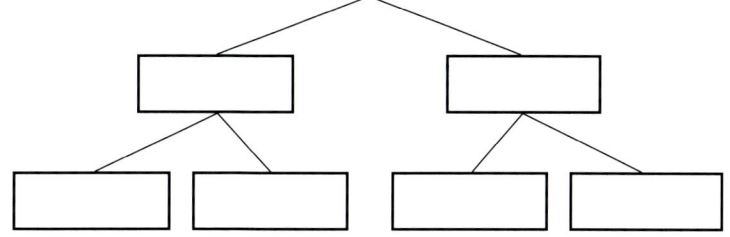

5 (1) 아래 그림을 수형도로 그려 보세요.

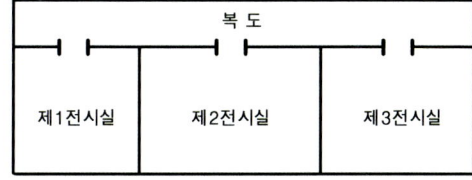

memo

10 (1) 햄버거와 음료수를 고르는 경우를 수형도로 그려 보세요.

햄버거	음료수
치즈버거	콜라
야채버거	사이다
새우버거	오렌지 주스
치킨버거	

MENU

memo

활동지 19

3 두 사람씩 짝을 지어 놀이를 해 봅시다.

	나	짝	이긴 사람
	고른 숫자		
1회			
2회			
3회			
4회			
5회			
6회			

memo

활동지 20

4 놀이를 다섯 번 정도 계속합니다.

	고른 숫자 나	짝	이긴 사람
1회			
2회			
3회			
4회			
5회			
6회			

	고른 숫자 나	짝	이긴 사람
1회			
2회			
3회			
4회			
5회			
6회			

	고른 숫자 나	짝	이긴 사람
1회			
2회			
3회			
4회			
5회			
6회			

	고른 숫자 나	짝	이긴 사람
1회			
2회			
3회			
4회			
5회			
6회			

	고른 숫자 나	짝	이긴 사람
1회			
2회			
3회			
4회			
5회			
6회			

memo

6 두 개의 주사위를 던졌을 때 나오는 눈의 경우를 표로 나타낼 수 있습니다. 빈칸에 두 눈의 수의 합을 적어 보세요.

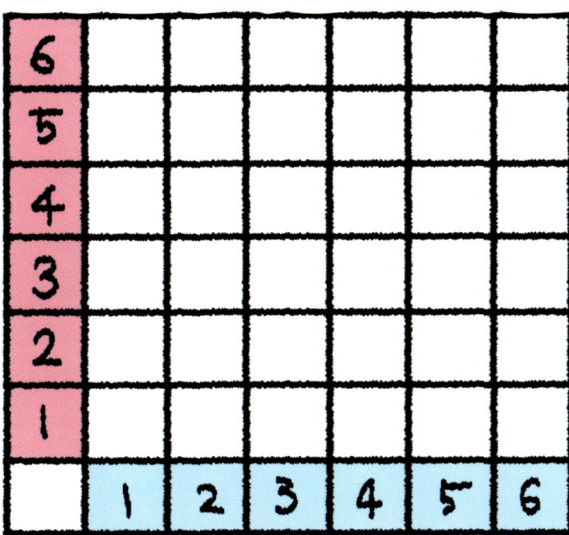

memo

활동지 22

4   (1) 수형도를 사용하여 나타날 수 있는 모든 경우를 구해 보세요.

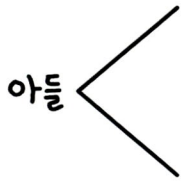

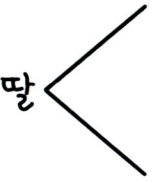

memo

memo

memo

새로 쓰는

초등
수학 교과서

길잡이 책

박영훈 책임집필 · 나온교육연구소 지음

부모님에게

올해 열 살인 김영재는 무척 똑똑하다고 소문이 자자합니다. 학교에 들어가기 전부터 100이상의 세 자리 숫자를 셀 수 있고, 어른들도 어려워하는 계산을 척척 해냅니다. 초등학교 3학년이면서 중학교 3학년이 배우는 간단한 이차 방정식도 풀 수 있으니 그야말로 수학 영재인 모양입니다. 머잖아 고등학교 과정의 미적분도 배우겠다고 하더군요. 이것은 똑똑한 아들을 무척 자랑스럽게 생각하는 영재 부모님의 결정이기도 합니다. 영재 교육의 광풍이 몰아치는 요즘 우리나라에서 흔히 들을 수 있는 이야기입니다.

혹시 부모님 중에 내 아이도 영재처럼 키우겠다고 생각하는 분이 있나요? 남보다 빨리 계산을 하거나, 어려운 공룡의 이름들을 수십 가지나 줄줄 외우기도 하고, 〈도전! 골든벨〉에 나오는 40번 이후 문제의 정답을 맞히는 아이를 보면 정말 신기해서 감탄이 절로 나옵니다. 그래서 내 아이도 저랬으면 하는 바람을 갖는 것도 무리는 아닙니다.
수학의 역사에도 그런 신동들의 이야기가 가끔 등장합니다. 그 중 계산에 뛰어났던 몇 사람을 예로 들어 보죠. 1840년 독일 함부르크에서 태어난 요한 데이스는 목장에서 풀을 뜯어 먹고 있는 양 떼들을 힐끗 보고는 모두 몇 마리인지 알 수 있고, 도서관에 있는 책장을 한 번만 보고도 진열되어 있는 책들이 모두 몇 권인지 정확하게 말할 수 있었습니다. 그는 8자리 두 수의 곱

셈을 54초 만에 할 수 있었고, 20자리 숫자의 곱셈을 6분 만에 할 수 있었습니다. 또 다른 신동이었던 미국 버몬트 태생의 섀포드는 열 살이 되었을 때 7자리 수의 세제곱근을 단숨에 계산할 수 있었습니다. 그리고 영국 출신의 비더는 2563721987653461598746231905607541128975231과 같은 큰 숫자를 불러 주면 곧바로 거꾸로 배열된 수를 말할 수 있었습니다.

성년이 된 요한 데이스는 수학의 아버지라 불리는 유명한 수학자인 가우스의 추천으로 함부르크 과학 학술원에 들어가 7000000부터 10000000까지의 모든 약수표를 만들며 일생을 보냈다고 합니다. 그리고 섀포드는 어릴 때 드러났던 천재성이 사라져 버리고 평범한 천문학자의 길을 걸었다고 합니다. 또한 비더는 나중에 무엇을 했는지 알려지지 않았지만 기하학을 비롯한 다른 수학 분야에는 아주 무식했다고 합니다.

가우스 이야기가 나왔으니 그에 관해 좀 더 얘기해 보겠습니다. 어렸을 때 지진아 취급을 받았던 에디슨이나 아인슈타인과는 달리 가우스는 영재였다고 합니다. 1부터 시작하여 100까지의 자연수를 차례로 더한 값을 단 몇 초 만에 구했다는 일화는 널리 알려져 있지요. 그러나 앞의 세 사람과 가우스는 분명히 큰 차이가 있습니다.

신동이라고 했던 세 사람의 뇌에는 보통 사람이 갖지 못한 엄청난 기억 용량이 있다고 추측할 수 있습니다. 그 기억 용량은 사진기와 같아서 양떼,

도서관의 책장, 또는 43자리나 되는 엄청나게 큰 수를 힐끗 보고도 재생할 수 있는 것입니다. 보통 사람들은 곧 지워지지만 그들은 놀라운 기억력을 갖고 있어 꽤 오랫동안 저장할 수 있었습니다.

반면 가우스는 기억력에 의존하는 게 아니라 패턴을 발견하고 전략을 세워 문제를 풀었다는 점에서 앞의 세 사람과 다릅니다. 가우스는 1에서 100까지 수의 합을 계산할 때 1+100=101, 2+99=101, 3+98=101, ……, 45+46=101과 같은 일정한 패턴을 발견했습니다. 따라서 101이 50개이므로 1부터 100까지 수의 합은 5050이라는 정답을 찾아낸 것입니다. 고등학교 때 배우는 등차수열의 합에 대한 공식을 발견한 것이지요.

이렇게 장황하게 이야기를 늘어놓는것은, 수학 학습은 바로 문제 해결에 있음을 강조하기 위해서 입니다. 문제 해결은 정답만을 구하는 게 아니라 해답에 이르는 열쇠를 찾아 가는 것을 뜻합니다. 이를 위해서는 남이 해 놓은 것을 따라가는 것이 아니라, 스스로 패턴을 발견하고 생각할 수 있는 능력이 필요합니다. 사실 무언가를 새로이 아는 것은 즐거운 경험입니다. 그래서 배움은 즐거워야 합니다. 하지만 현실은 이런 생각을 별로 중요하게 여기지 않는 것 같습니다. 알아 가는 과정이 중요한데도 이를 무시하고 결과에만 집착하는 성급한 모습을 쉽게 발견할 수 있으니까요.

행복한 수학, 친절한 수학, 똑똑한 수학, 천재 수학, 생각이 통하는 수학, 생각이 열리는 수학, 원리 수학 등 온갖 미사여구를 동원하는 책이나 교육 방법이 쏟아져 나오지만, 결국에는 저자 자신이 알고 있는 것을 아이들에게 넣어 주는 데에만 급급한 경우가 많습니다. 책을 보는 독자가 생각할 수 있는 기회를 송두리째 빼앗아 버린 것이죠. 훌륭한 수학 선생님들이 집필한 국정 교과서도 아이들의 생각을 이끌기보다는 '따라가기만 하면 답을 얻을 수 있다'는 잘못된 믿음을 심어줄 수 있습니다. 그렇게 알게 된 지식은 머릿속에 잠시 넣어 둘 수는 있지만, 결국에는 자기 것이 되지 못한 죽은 지식으로 빠져나가게 됩니다.

학습에서 활동을 강조하는 '행하면서 배워라'는 말은 거짓입니다. 생각이 없는 활동은 무의미하기 때문이지요. 그래서 앞의 구호는 이렇게 바뀌어야 합니다. '생각하는 활동을 통해 배워라!'

'수학은 약속에서 출발한다'는 말도 거짓입니다. 수학자는 약속을 그대로 받아들이지 않습니다. 그는 약속을 만들어 가는 사람입니다. 수학을 배운다는 것은 수학자가 수학을 만들어 가는 과정을 밟아 나아가는 것을 말합니다. 사실 수학뿐만 아니라 모든 배움이 그러합니다. 배움이란 남이 만들어 놓은 지식을 머릿속에 차곡차곡 쌓는 것만은 아니니까요.

《새로 쓰는 초등 수학 교과서》는 아이들이 진정한 배움에 이르도록 수학을 어떻게 가르치는 것이 바람직한지 고민을 담았습니다. 그래서 이 책은 다음과 같은 특징을 가지고 있습니다.

1. 문제 상황에서 배움이 시작됩니다. 수학이라는 학문이 추상적인 것은 틀림없지만 일상생활에서도 수학 지식의 실마리를 찾을 수 있습니다. 이 책에 펼쳐진 상황은 아이들이 쉽게 접할 수 있는 것으로 생생한 현장감이 살아날 수 있도록 구성되었습니다.

2. 생각하는 배움입니다. 따라하기만 하면 답이 나오는, 또는 읽기만 하면 답을 얻을 수 있는 책이 아닙니다. 그래서 머리에 쥐가 난다는 비명도 들립니다. 하지만 자신의 삶과 밀접한 상황에서 생기는 문제를 다루고 해결하는 과정을 담고 있기 때문에 지루하지 않게 빠져 들 수 있습니다. 마치 미궁에 빠진 사건을 해결하는 탐정과 같이 아이들은 머리를 쥐어짜며 문제를 해결할 것입니다. 앞에서도 언급했듯이 생각하지 않고 배움에 이를 수는 없으니까요.

3. 더불어 하는 배움입니다. 흔히 수학은 혼자 공부하는 과목이라고 생각합니다. 하지만 어떤 배움도 자기 혼자만 하는 것은 아닙니다. 인류의 지식은 인류 공동체가 협력한 산물입니다. 자신의 생각을 남과 주고받으며 되돌아보는 작업은 배움에서 꼭 필요한 요소입니다. 이 책은 함께 공부하는 즐거움을 맛볼 수 있도록 구성되어 있습니다.

수학 문제집 같아 보이지만 자세히 보면 한 편의 동화처럼 보이도록 꾸몄습니다. 현실에 기반을 두면서도 동화라는 상상의 시간과 공간 속에서 수학적

질서와 패턴을 찾아보는 기회를 가질 수 있을 것입니다. 이 책을 제대로 학습하려면 서두르지 않고 천천히 속도를 조절해야 합니다. 만일 중간에 어려움을 느낀다면 중단해야 합니다. 그리고 시간이 조금 지나면 다시 시작하세요. 아이의 발달 상태를 기다리는 마음은 이 책에서 가장 소중하게 생각하는 것이니까요. 아무쪼록 새로운 방식의 수학을 통해 진정한 수학 학습의 즐거움을 느낄 수 있다면 더 바랄 것이 없습니다.

2008년 8월

박영훈

교육 과정 비교표

《확률과 통계》 책 단원	교과서 관련 단원
첫 번째 이야기_ 박물관은 꿈틀댄다	4-가 7. 꺾은선 그래프
	6-가 8. 비율 그래프
두 번째 이야기_ 박물관은 보여 준다	5-나 7. 자료의 표현
세 번째 이야기_ 박물관은 진화한다	5-나 7. 자료의 표현
	6-나 6. 경우의 수

첫 번째 이야기_ **박물관은 꿈틀댄다**

> 이 단원에서는 주어진 자료를 제대로 설명하고 처리하기 위한 가장 효과적인 방법은 무엇인지 알아보고, 정리된 그래프에서 필요한 정보를 얻는 방법을 살펴본다.

1. 그림을 그리면 한눈에 보여요

1. 가장 높은 탑: 미륵사지 석탑, 가장 낮은 탑: 분황사 석탑
2. 미진이의 키를 기준으로 볼 때, 가장 높이가 높은 것과 가장 낮은 것을 택한다.
3. 한 층의 높이가 대략 3m 정도이므로 4층이나 5층 건물의 높이와 비슷하다. 4층짜리 건물을 예로 들면 된다.

지도상 유의점

3. 현대 건물은 자유로움의 경계를 벗어나 있어서 정확히 한 층의 높이를 3m라고 규정하기는 어렵다. 이 문제는 그림으로 어떤 상황을 표현하기 이전에, 크기에 대한 감을 느끼도록 하는 문제이다.

〈참고 자료〉
경천사 10층 석탑이 국립박물관 내부에 있는 이유는? : 경천사 10층 석탑은 고려 충목왕 4년(1348년)에 만들어진 탑으로, 높이는 1350.0cm이다. 이 탑은 북한 지역인 개성시 부소산 경천사에 지어진 탑이다. 그러나 1907년 한국을 방문한 일본의 궁내 대신 다나카 미쓰야키(田中光顯)가 탑을 해체하여 일본으로 약탈해 갔다. 그 후 비난 여론이 비등해지자 1918년 이 탑을 한국으로 돌려보냈다. 그 때는 이미 탑의 많은 부분이 훼손된 상태였고, 특별한 조치 없이 서울 경복궁 회랑에 방치되었다. 그러다가 문화재 전문가들이 이 탑의 존재를 깨닫고 1959년 보수에 들어갔으나 시멘트를 메우는 정도의 비과학적인 보수였다. 복원 이후 경복궁 야외에 전시되면서 계속적인 손상이 이어지자 국립문화재 연구소는 1995년 해체 보수를 결정했다. 탑의 142개 부재를 모두 해체하여 보수한 후, 탑의 손상을 막기 위하여 실내에서 전시하기로 결정되었다. 10년간의 보수 작업이 끝난 후에 국립중앙박물관에 마침내 자리를 잡게 된 것이다. (동아일보 2007.3.3.)

4

분황사 석탑 　다보탑　경천사 10층 석탑　원각사지 10층 석탑　미륵사지 석탑

> **지도상 유의점**
> 4. 여러 자료를 다룰 때, 숫자로 제시되는 정보를 많이 접하게 된다. 숫자로 된 자료는 자세한 정보를 주지만 대소를 비교할 때나 가장 많은 것, 가장 적은 것을 알아내기에는 다소 시간이 걸린다. 여기서도 탑의 높이에 대한 정보가 그림으로 정리되었을 때, 쉽게 장단을 비교할 수 있다는 것을 학생들이 알게 하는 것이 목적이다.

5 　미륵사지 석탑, 경천사 10층 석탑, 원각사지 10층 석탑, 다보탑, 분황사 석탑

6 　미륵사지 석탑: 14m 정도, 경천사 10층 석탑: 13m 정도, 원각사지 10층 석탑: 12m 정도, 다보탑: 10m 정도, 분황사 석탑: 9m 정도.

7 　나팔랑: 200장, 강우직: 50장

> **지도상 유의점**
> 7. 이 문제는 어림하는 문제이다. 그림으로 그려진 자료는 "누가 가장 많을까요?" "누가 가장 적을까요?" 등의 질문에는 쉽게 답할 수 있지만, "각 자료는 몇 개일까요?"와 같은 질문에는 정확한 값을 말하기 어렵다. 그러므로 학생들이 직사각형의 높이를 비교하여 대략적인 양을 어림하면 된다. 어림의 결과가 다소 다르더라도 크게 문제가 되지는 않는다.

8

직원명	민첩해	나팔랑	강우직	산만해	주일만	신선한	석호필
홍보물 수	100	200	50	240	150	80	160

9 　산만해

10 　다양한 답이 가능하다.

　　예 · 민첩해: 누가 많고 적은지 한 눈에 알 수 있잖아.
　　　 · 나팔랑: 정확히 누가 몇 장을 처리했는지 알 수 있잖아.

> **지도상 유의점**
> 10. 자료를 그래프로 정리했을 때 편리한 점과 원래의 자료를 그대로 사용할 때 편리한 점을 학생들이 지적할 수 있으면 된다. 그러나 통계의 특성상, 원래의 자료를 그대로 사용할 때 편리한 점은 강조하지 않는다.

11 가로축: 직원의 이름

세로축: 홍보물의 수

12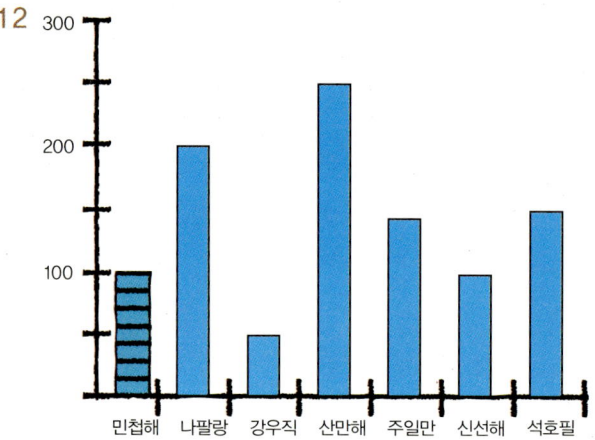

13 다양한 답이 가능하다.

　예 홍보물의 수, 직원들이 돌린 홍보물의 개수, 배부된 홍보물의 수.

14 세로축을 520장이 표현되도록 확장하고, 가로축도 한 사람의 이름을 더 적을 수 있도록 확장하여 그려야 한다.

> **지도상 유의점**
>
> 14. 새로운 문제가 발생했을 때, 이를 어떻게 해결해야 하는가를 알아보는 문제다. 뿐만 아니라 이를 해결하는 방법을 설명하도록 한다. 주어진 상황을 해결하는 것 못지않게 방법을 설명하는 것 또한 중요하다.

15 가장 많은 수의 행운권 : 하늘, 가장 적은 수의 행운권 : 우진

> **지도상 유의점**
>
> 15. 본문을 읽고 각자 가지고 있는 행운권의 개수를 계산해야한다. 이 문제와 19번, 20번 문제에서는 글로 주어진 정보보다 그림으로 주어진 정보가 유용할 수 있다는 것을 보여 준다.

16 경미와 상길, 각각 8장 7장 가지고 있다.

호영과 진주, 각각 22장, 24장 가지고 있다.

> **지도상 유의점**
>
> 16. '비슷하다'는 것에 주목한다. 정확하게 같은 개수가 아니라 비슷한 개수를 가지고 있는 사람은 그래프 자료에서 더 쉽게 알 수 있는 정보이다. 같은 질문에 대한 답을 21번에서는 더 쉽게 대답할 수 있다.

17 가로축 : 이름, 세로축 : 행운권의 개수

> **지도상 유의점**
>
> 17. 막대그래프를 작성할 때, 자료를 제대로 정리하는 것도 중요하지만, 각 자료가 어떤 정보를 나타내고 있는지를 반드시 표시해 주어야 한다. 가로축과 세로축이 무엇을 나타내고 있는지 반드시 기록한다.

18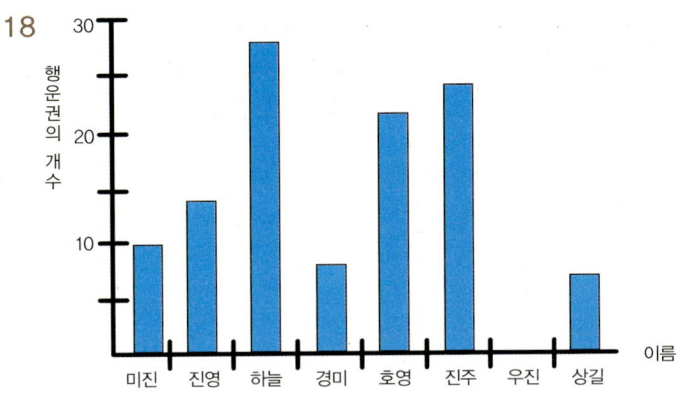

19 하늘

20 우진

21 경미와 상길, 호영과 진주

22 각자 만들어 본다.

예 1   10장   1장

위 그림과 같이 10장짜리와 1장짜리 모양을 설정한 후, 각 개수에 맞추어 그림을 그린다. 단위 그림을 정할 때, 상대적인 크기가 단위 수와 일치하도록 그려야 한다는 것에 주의한다.

예 2   가장 많은 쿠폰의 수가 28개이므로 30개 정도의 큰 직사각형을 그린 후에, 각 학생이 가지고 있는 쿠폰을 칠한다.

예 3

미진	○	○	○	○	○	○																		
진영	○	○	○	○	○		○																	
하늘	○	○	○	○	○	○	○	○	○	○	○	○	○	○	○	○	○	○	○	○	○	○		
경미	○	○	○	○		○																		
호영	○	○	○	○	○	○	○	○	○	○	○	○												
진주	○	○	○	○	○	○	○	○	○	○	○	○	○	○	○	○	○							
우진																								
상길	○	○	○	○	○																			

가로축과 세로축을 막대그래프와 똑같이 잡는다. 각 사람에 대하여 갖고 있는 쿠폰의 개수를 표시한다.

예 3의 경우는 개인이 가지고 있는 쿠폰의 수도 정확히 표현되고, 다른 사람과 비교도 할 수 있다. 예 1와 예 2의 경우는 개인이 가지고 있는 쿠폰의 수는 정확히 표현되나 다른 사람과의 비교는 다소 힘들다.

2. 비슷한 자료를 모아서

1 다양한 답이 가능하다.

　　예 · 가장 키가 큰 학생의 키는 172cm이다.
　　　 · 가장 키가 작은 학생의 키는 112cm이다.
　　　 · 가장 작은 학생과 가장 큰 학생은 60cm 차이가 난다.
　　　 · 키가 153cm인 학생이 가장 많다.
　　　 · 키가 153cm이면 반에서 중간은 간다.
　　　 · 130cm보다 작은 아이는 거의 없다.
　　　 · 이 반 학생들은 키가 대략 153cm 정도라고 할 수 있다.

> **지도상 유의점**
>
> 1. 여기서는 주어진 자료를 크기 순으로 정리했을 때 전체 집단에 대하여 알아낼 수 있는 모든 사실을 이야기하는 것이 주목적이다. 이때, 수학적으로 정확한 계산은 필요하지 않으며, 전체적인 모양새만 이야기하면 충분하다. 학생들에게 평균이나, 최빈값, 중앙값 등은 언급하지 않으며, 자료의 대푯값으로 어떤 것이 좋은지를 질문해보는 것도 좋다. "이 반 학생들의 키는 대략 얼마 정도라고 할 수 있을까?" 라고 질문한 뒤, 그렇게 생각하는 이유를 말하도록 한다.

2 153cm

> 지도상 유의점
>
> 2. 이를 최빈값이라 한다.

3 172cm와 112cm

> 지도상 유의점
>
> 3. 자료에서 최댓값과 최솟값의 차를 범위라 한다. 범위를 알면 자료의 흩어진 정도를 알 수 있다. 역시 학생들에게 그 개념은 언급하지 않는다.

4 150cm, 2번 문제와 결과는 다르지만 거의 비슷하다.

> 지도상 유의점
>
> 4. 30명의 학생들의 기록이므로 15번째와 16번째 학생의 키를 찾는다. 이를 중앙값이라 한다. 중앙값은 자료를 크기순으로 나열했을 때, 가장 중앙에 오는 수를 말하며, 자료의 개수가 짝수 개인 경우에는 두 값의 평균을 구한다. 여기서는 평균이라는 개념을 사용하기 이전이므로 두 개의 중앙값을 구하도록 한다. 이 문제에서는 두 개의 중앙값이 모두 150으로 같다. 일반적으로 다를 수 있는데, 그때는 두 값을 모두 택하도록 한다.

5

키(cm)	110이상 ~120미만	120이상 ~130미만	130이상 ~140미만	140이상 ~150미만	150이상 ~160미만	160이상 ~170미만	170이상 ~180미만
학생 수	2	0	3	9	12	3	1

6 같은 점

- 자료가 크기 순으로 나열되었다.
- 어느 범위에 많은 학생이 있는지 알 수 있다.
- 자료의 가운데 값이 어느 정도인지 대략 알 수 있다.

다른 점

- 표에서는 각 개인의 자료가 모두 사라지고 대략적인 범위만 알 수 있다.

> 지도상 유의점
>
> 6. 이전까지는 적은 양의 자료를 다루었기 때문에 비슷한 부류끼리 정리할 필요는 없었다. 이제 많은 양에 대해서는 개개인의 자세한 정보를 잃더라도 전체적인 분포를 분석하기 위하여 구간을 나누어 정리할 필요성을 알게 한다. 직선에 그려진 그림도 편리하지만 정리된 표가 전체의 분포를 아는 데 도움이 된다는 사실을 알게 한다.

7 140, 150 등과 같이 백 단위의 숫자로 나타낸다. 이는 해당 아동의 키를 나타낸다.

8 대표적인 사이즈 몇 개를 정하여 신청한다.

> **예** 세 종류만 선택한다고 하면, 110짜리 2개, 150짜리 24개. 170짜리 4개.

9 다양한 답이 가능하다.

> **예** · 같은 학년이라고 할 수 있다. 미진이네 반에 그 아이보다 더 작은 아이가 있기 때문에 같은 학년일 가능성이 있다.
> · 다른 학년으로 봐야한다. 미진이네 반은 대략 150cm 정도이므로 같은 학년이라고 보기에는 무리가 있다.

지도상 유의점

9. 모두 답으로 가능하다. 이 문제는 여러 개의 자료를 비슷한 구간으로 나누어 정리한 후, 자료 전체에 대한 분포 정도를 파악한 후에, 발생한 문제를 해결하기 위해 분석 결과를 활용하는 문제다. 이와 같이 어떤 판단을 하기 위해서는 개개인의 정보보다 전체의 분포나 흐름을 아는 것이 중요하다. 여기에 통계의 목적이 있는 것이다.

---

3. 원으로 표현해요

1 전체를 나타낸다. 120명이다.

2 탑 모형 만들기.
$120 \times \dfrac{37}{100} ≒ 44.4$ 이므로 약 44명이다.

지도상 유의점

2. 가장 넓은 영역을 차지하고 있는 행사를 고른다.

---

3 $\dfrac{17}{100}$

4 **예** 다양한 답이 가능하다.

· 가장 반응이 좋은 '탑 모형 만들기' 행사를 더 강화하는 것이 좋겠다.
· 절반 이상의 호응을 얻은 행사가 없기 때문에 새로운 행사를 개발하는 것이 좋다.
· 학생들이 만든 탑 모형을 기념품으로 가져가도록 하고, 기념품 판매 코너는 없앤다.

> **지도상 유의점**
>
> 4. 이 문제는 수학적인 분석을 요하는 문제가 아니라 경영적인 전략을 짜는 문제이다. 단순한 정보의 나열이 아니라, 나타난 결과에 대하여 문제점을 찾고 보다 나은 계획을 수립하도록 한다. 학생들에게 "행사를 그대로 해나가는 것이 좋을까? 원가 변화를 주는 것이 좋을까?" 생각해 보도록 한 후, 그 대안을 제시하도록 한다.

5. 전체 인원이 60명이므로 60등분된 원을 사용하는 것이 편리하다.

6. 전체 분수를 분모 12로 통분할 수 있으므로 12등분된 원을 이용하는 것이 편리하다. 각각을 다시 나타내면 다음과 같다.

교통: $\frac{4}{12}$
많은 인원: $\frac{2}{12}$
식사 시간 확보: $\frac{2}{12}$
내용의 다양성 부족: $\frac{3}{12}$
편의 시설 부족: $\frac{1}{12}$

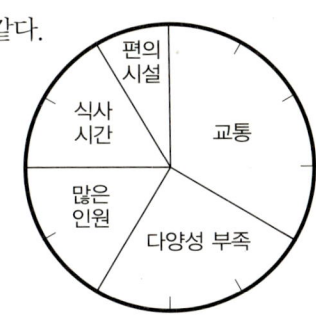

> **지도상 유의점**
>
> 6. 60등분된 원을 사용해도 좋다. 그러나 60등분 원을 사용하기 위해서는 각 분수의 분모를 60으로 통분해야하는 어려움이 있다.
> 실제로 원그래프 그리기는 아주 어려운 작업이다. 여기서는 전체 인원에 맞추어 등분된 원을 사용하기 때문에 쉽게 작업을 할 수 있다. 구체적으로 원그래프를 그리는 작업은 이 시리즈 〈분수〉편에서 다루었다.

7.

교통수단	인원
버스	14
전철	21
자가용	13
자전거	5
걸어서	7

8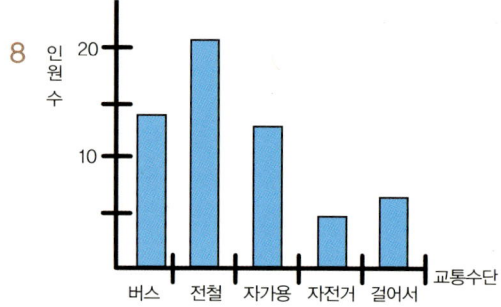

9 60등분된 원을 사용한다.

10 원그래프를 살펴보면 버스를 이용하는 학생은 전체의 25%가 안된다. 그러므로 무료 순환버스를 이용하기는 어렵다.

11 원그래프

> **지도상 유의점**
>
> 11 25%는 전체의 $\frac{1}{4}$에 해당한다. 막대그래프로는 $\frac{1}{4}$을 구하기가 쉽지 않지만, 원그래프에서는 $\frac{1}{4}$보다 적은지 많은지 알아내기 편리하다. 이와 같이 원그래프는 전체에서 차지하는 상대적인 양을 구별해 내는 데 편리하다.

12 전철. 막대그래프가 편리하다.

> **지도상 유의점**
>
> 12 전체에서 가장 많은 차지하거나 가장 적은 양을 차지하는 것을 고를 때는 막대그래프가 편리하다. 또한 각 항목을 서로서로 비교하기에도 막대그래프가 편리하다.

13 조사한 자료를 바탕으로 전체 학생의 30%를 조금 넘는 학생이 전철을 이용하고 있다고 말할 수 있다.

> **지도상 유의점**
> 13. 이 문제는 대표성에 관련된 문제이다. 박물관을 이용하는 학생 중에서 60명을 임의로 선발했기 때문에 60명 학생을 조사한 결과는 전체 학생의 예로 확대할 수 있다. 대표성에 대해서는 다음 단원에서 다시 다룬다.

4. 가장 대표적인 수, 평균

1. 24일. 가장 높은 막대를 찾는다.
2. 3000명. 30개의 자료의 중간 정도에 해당하는 값을 고른다.

> **지도상 유의점**
> 2. 여기서는 대푯값에 대한 개념으로 평균을 공부한다. 학생들에게 자료 전체를 하나의 수로 나타내기 위하여 가장 합당한 수를 고르게 하는데, 보통 중간쯤에 위치한 값을 고르는 것이 일반적이다. 중앙값과 평균은 다소 차이가 있을 수 있으나 여기서는 평균의 의미를 이해하는 정도로 마친다. 대푯값으로 최댓값과 최솟값의 중간값을 골라도 좋다.

3. 3000명을 기준으로 가로선을 그으면, 위로 15개, 아래로 15개의 막대가 놓인다.
4. 3000명.

> **지도상 유의점**
> 4. 여기서 자연스럽게 평균이라는 단어를 사용했다. 따라서 학생들은 앞에서 한 작업에서 평균의 수학적인 의미를 알게 된다.

5. 14
6. 7명은 14장, 1명은 15장을 갖고 있는 셈이다. 14장보다 약간 많은 편인데, '약'이라는 표현이 있으므로 14와 15중에서 가까운 값을 읽어주는 것이 합당하다. 그러므로 14장이라고 해야 옳다. $14\frac{1}{8}$장이라고 정확히 쓴 학생이 있을 수도 있는데, 이 경우에는 '약'이라는 표현을 빼야 자연스럽다. 일상생활에서 엄밀성을 요하지 않을 때, 가까운 자연수 값을 읽는다.

> **지도상 유의점**
> 6. 여기서는 평균이라는 거창한 단어를 사용하지 않고, 평균을 계산하는 복잡한 식을 도입하지 않고도 그림그래프를 이용하여 평균을 알아보는 방법을 제시하고 있다. 빈칸 채우기 방법을 이용하면, 자료의 개수가 적을 때 재미있게 평균을 알아낼 수 있다.

7 아래 그림그래프와 같다. 그림그래프의 결과를 이용하면 약 16장이라고 할 수 있다.

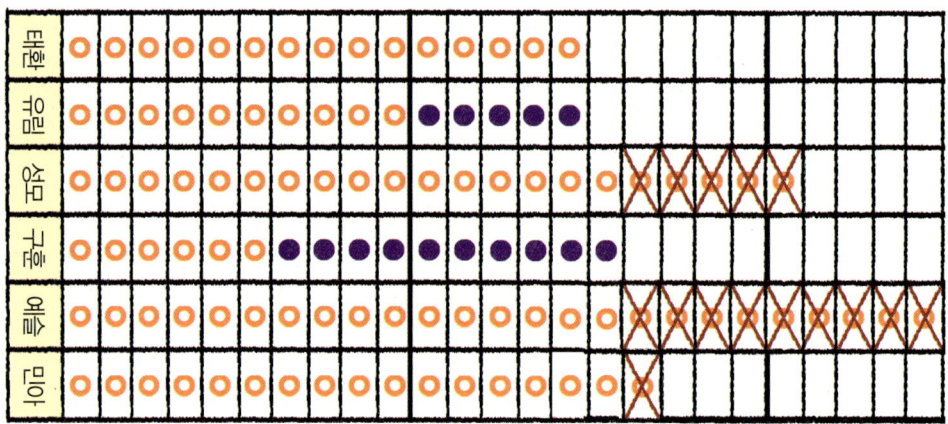

8 태환이네

9 미진이네는 $14\frac{1}{8}$장이고,

태환이네는 $15\frac{4}{6}$장이다.

10 미진이네는 $14\frac{1}{8}$장, 태환이네는 $15\frac{4}{6}$장이다.

11 평균을 구하는 일반적인 방법이다.

> **지도상 유의점**
>
> 11. 학생들에게 평균의 일반적인 의미를 먼저 생각해보게 하고 수학적 계산을 나중에 소개하고 있다. 평균이라 함은 골고루 나누어 가졌을 때 한 사람이 차지하는 몫, 여러 번 게임을 했을 때 한 번 게임에 얻을 수 있는 점수 등의 의미를 갖고 있다. 이러한 의미를 먼저 습득하게 하고, 구체적인 계산법은 11번 문제에서 다룬다. 여기서도 계산 방법과 결과를 모두 소개하고 이것이 평균인가를 묻고 있다. 학생들은 결국 앞에서 처리한 내용이 11번 문제에서 일반화되고 있다는 것을 알게 된다. 실제로 학교에서 시험을 치르면 '평균 ○○점'이라는 의미를 파악하고 있다. 평균의 계산법을 자연스럽게 알게하는 것이 목적이다.

12 평균 점수란 '한 번 게임에서 얻을 수 있는 점수'를 말한다. 16점은 평균 점수 18점보다 2점 부족하므로 두 번째 게임에서는 18점보다 2점 이상 남는 점수를 얻어야 한다. 그러므로 20점을 얻어야 한다.

> **지도상 유의점**
>
> 12. 여기서는 평균을 수학적으로 계산하는 것이 아니라, 평균의 의미 - 한 게임당 얻을 수 있는 점수 - 로 접근했다. 매번 게임이 진행될 때마다 평균을 기준으로 얼마나 부족하고 남는지를 알아보면 최종적으로 필요한 점수를 알아낼 수 있다. 아래의 문제도 모두 같은 방법으로 접근한다.
> 자료의 총합을 계산하여 개수로 나눌 수도 있는데, 학생들이 편하게 생각하는 방법을 권장한다.

13 1회는 평균보다 2점 부족, 2회는 평균보다 1점 남기 때문에 2회까지의 결과는 평균보다 1점 부족한 상태라고 할 수 있다. 그러므로 세 번째에는 평균보다 1점 이상 남아야 한다. 따라서 19점이나 20점을 얻어야 한다.

14 각 점수와 평균의 차는 다음과 같다.

점수	20	17	19	16
평균과의 차이	2점 남음	1점 부족	1점 남음	2점 부족

결국 4회까지의 결과를 보면, 평균보다 모자라고 남는 점수가 없다. 정확히 평균인 18점이 되었으므로 더 이상 게임을 할 필요가 없다.

15 각 점수와 평균의 차는 다음과 같다.

점수	15	20	16	18
평균과의 차이	3점 부족	2점 남음	2점 부족	2점 부족

4회까지의 결과를 보면, 평균보다 3점이 부족하다. 그런데 평균보다 3점이 높은 점수는 얻을 수 없으므로 하늘이는 상품을 받을 수 없다.

16 4개의 점수의 평균을 구하면 $\dfrac{20+15+20+18}{4}=18.25$이므로 상품을 받을 수 있다.

> **지도상 유의점**
> 16. 이 문제에서는 평균을 구하는 일반적인 식을 사용했다. 앞의 문제와 마찬가지로 평균을 기준으로 과부족을 계산하여 구할 수 있다.

17 세 번의 게임에 평균 19점이 나오기 위해서는 게임 세 번의 점수의 합이 19×3=57(점)이 나와야 한다. 그러므로 (20, 20, 17), (20, 19, 18), (19, 19, 19) 세 가지다. 순서를 바꾸는 경우를 고려하면 가짓수는 더 늘어난다.

5. 선으로 그려요

1 5월, 6월, 9월

   가장 활동하기 편한 온도인 18℃에서 22℃사이의 기온을 찾는다.

2 월 평균 기온이란 한 달간 기온의 총합을 날짜 수로 나눈 값이다. 그 한 달 동안을 생각해 볼 때, 하루 기온이 그 정도 되었다는 것을 말한다.

3 제주도. 겨울의 기온이 영상인 곳은 제주도뿐이다.

4 제주도

5 서울

   그래프에서 가장 높은 곳과 가장 낮은 곳의 차를 생각해 본다.

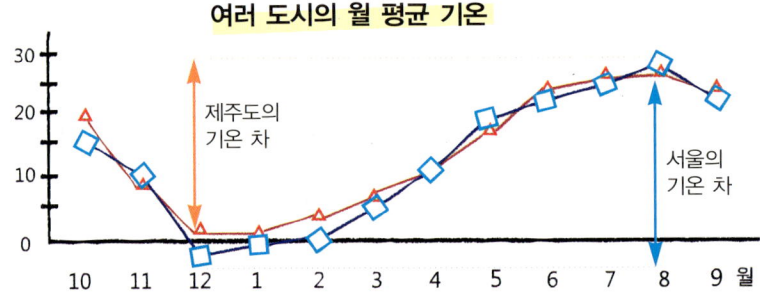

여러 도시의 월 평균 기온

7 8월, 12월

8 옳다고 볼 수 있다. 작년을 나타내는 선이 3년 전 선보다 위 쪽에 있는 달이 많다.

9~10 타당하다고 볼 수 있다.

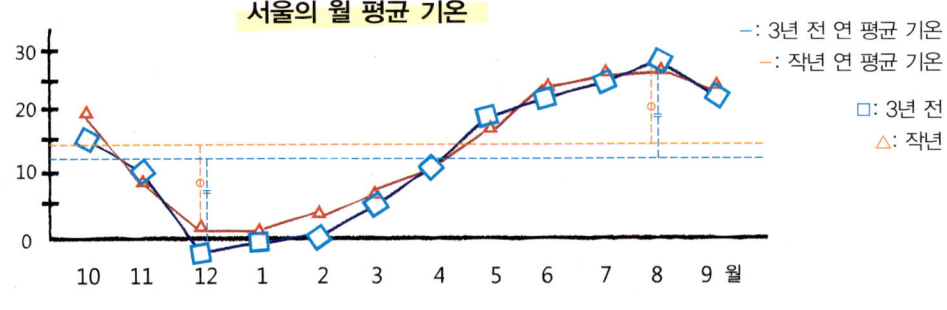

서울의 월 평균 기온

지도상 유의점

9~10. 평균을 나타내는 가로선의 위치는 비슷하나, 최고 온도와 최저 온도의 중간 정도에 위치하도록 가로선을 그으면, 작년도 평균선이 좀 더 높다.

연습 문제

1 (1) 축구 선수들이 가장 많이 부상을 입는 부위는 무릎이다. 전체 부상자 수의 20%정도를 차지하고 있다. 그 다음으로 엉덩이 관절, 발목, 어깨 순이며, 이들 부상 부위가 전체의 60% 이상을 차지하고 있다. 형태별로는 좌상이 전체 부상의 $\frac{1}{4}$이 넘는 28%를 차지하고 있고, 타박상의 경우도 14%로 3위를 달리고 있다.

(2)
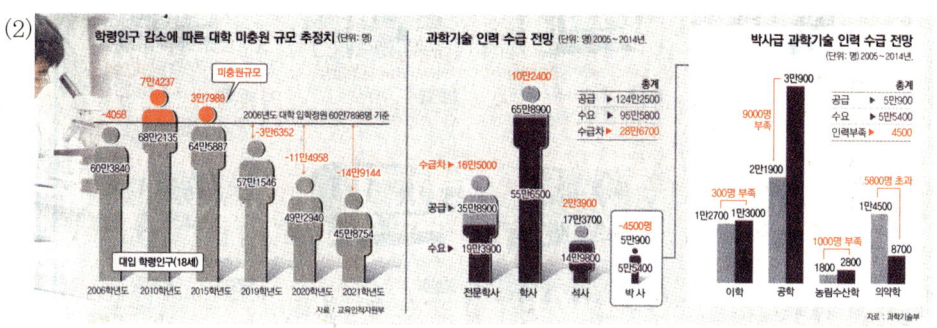

2 (1) 1반 – 나, 2반 – 라, 3반 – 다, 4반 – 가

띠그래프에서 많은 부분을 차지하고 있는 항목 2~3개를 선정하여 전체에 대한 비를 어림 한다. 그리고 각 항목이 원그래프에서 같은 정도로 표현된 것을 찾는다.

(2) 각자 반에서 조사한 결과를 정리하고 가장 비슷한 그래프를 찾는다.

(3) 다양한 답이 가능하다.

예 · 일반적으로 부모님들이 공무원을 선호하는 경향이 있고, 일반 사무직은 그다지 비율이 높지 않다는 것을 알 수 있다. 몇 년 후에 다시 조사한다면 학부모들의 성향이 어떻게 변하고 있나 알 수 있고, 학생들의 직업 선호도를 조사한다면 부모님 세대와 어떻게 다른지 비교할 수 있다.

3 (1) 다양한 답이 가능하다.

예 · 다섯 개의 수를 더하여 5로 나눈다.

$$\frac{253+247+257+248+255}{5} = \frac{1260}{5} = 252$$

· 채우기 방법으로 할 수도 있다. 이 경우도 252가 나온다.

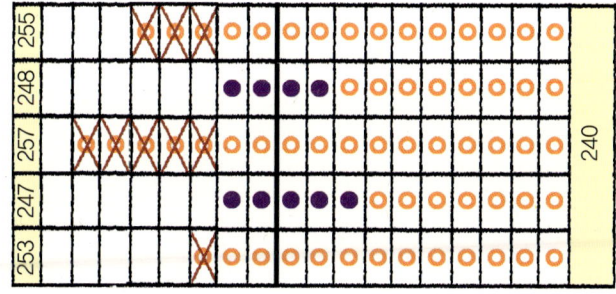

(2) 평균 252개가 들어갈 수 있는 그릇이 65개 이므로 콩의 총 개수는 252×65=16380(개)라고 할 수 있다.

4 (1) 나래학교

(2) 미소학교

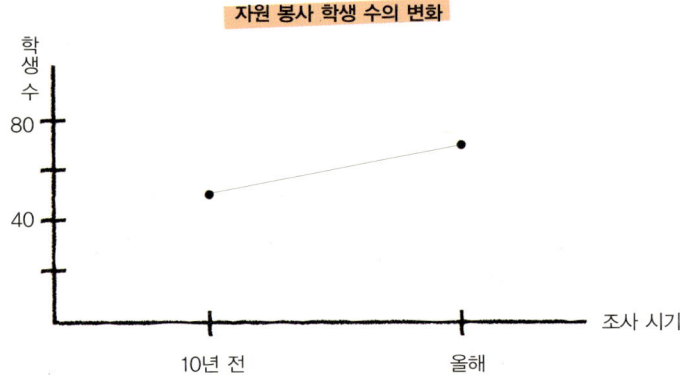

(3)

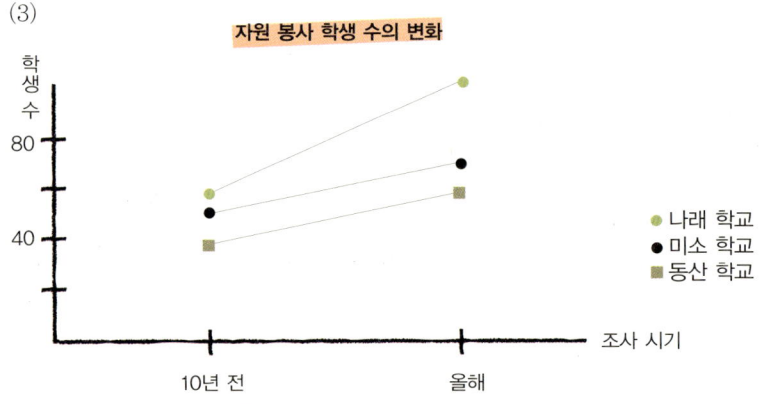

(4) 점의 위치가 가장 많이 차이가 나는 학교는 나래 학교다.

(5) 두 점의 높이가 두 배 이상 차이가 나는 학교는 미소 학교다.

(6) 각각 나래 학교, 나래 학교, 미소 학교다.

(7) 가장 많은 수가 증가한 학교는 나래 학교이고, 가장 많은 비율로 증가한 학교는 미소 학교다.

(8) 자료의 개수가 일정한 비율로 똑같이 증가한다면, 결과는 크게 변하지 않는다.

상상+논술

좋아하는 과목, 좋아하는 텔레비전 프로그램, 좋아하는 스포츠 경기 등등

예 · 우리 반의 좋아하는 과목

순서대로 과학, 국어, 수학, 사회, 체육이다. 우리반 친구들은 국어를 가장 좋아하며 수학을 가장 싫어한다. 하지만 난 수학이 좋다.

> **지도상 유의점**
> 1. 자료의 분포가 가운데 부분이 볼록한 정규분포 형태를 이루고 있지 않다. 그러므로 한 학급의 성적이나 키, 몸무게 등으로 해석하기에는 어려움이 있다.

예 · 아프리카는 유선 전화의 보급률보다 휴대 전화의 보급률이 해마다 증가하고 있다.
· 2000년까지 유선 전화를 가지고 있는 사람들이 더 많았지만, 그 이후에는 휴대 전화를 가지고 있는 사람이 급격하게 증가했다.
· 유선 전화의 보급률은 거의 제자리지만 휴대 전화의 보급률은 높은 속도로 늘어나고 있다.
· 선그래프로 나타냈기 때문에 증가율을 쉽게 비교할 수 있다.

두 번째 이야기_ **박물관은 보여 준다**

> 이 단원에서는 어떤 판단을 하기 위하여 자료를 모으고, 그 자료를 분석하는 방법을 소개한다. 먼저 판단을 필요로 하는 상황이 제시될 것이며, 그 문제에 대한 올바른 판단을 위하여 여러 가지 방법으로 분석해본다.

1. 과연 효과가 있을까?

1. 학생들이나 학부모의 만족도를 조사할 수도 있고, 다른 문화센터와 얼마나 다른가 등을 제시할 수도 있다. 또는 학생들의 작품을 소개할 수도 있고, 자체 실력 평가를 할 수도 있다.

2. (1) 성적이 그대로인 학생은 모두 6명이다. 각자 찾는다.
   (2) 첫 번째 학생의 경우, 45점에서 84점으로 39점이 올랐다. 성적이 10점 이상 오른 학생을 찾는다.
   (3) 성적이 떨어진 학생은 모두 17명이다. 찾아본다.
   (4) 57점에서 44점으로 13점이 떨어진 학생이 있다.

3. (2)번과 같이 구체적인 숫자가 제시되면 성적이 오른 학생을 골라놓고, 다시 그 차를 계산해야 하므로 찾기 어렵다. (4)번과 같이 가장 차이가 많이 나는 학생의 경우도 한 번에 정리가 되지 않기 때문에 빨리 답하기 어렵다.

4. 다양한 답이 가능하다.
   예 · 성적이 오른 학생이 더 많다.
   · 90점 이상이 더 늘었다.
   · 40점대가 줄었다.

   > **지도상 유의점**
   > 4. 여기서는 자료를 구체적으로 정리하는 방법을 소개하지 않고 결과를 학생들에게 슬쩍 제시하고 있다. 학생들은 이 문제에 대하여 각자 생각한 근거를 자유롭게 제시하면 된다. 아직 자료를 정리하기 전이므로 직관적인 이유를 말하는 것으로 충분하다. 이제 이 단원 전반에 걸쳐서 자료를 다양하게 분석할 것이다.

5 구대리의 말을 제외하고는 모두 일리가 있다.

> **지도상 유의점**
>
> 5. 여기서는 성적이 오른 학생의 수가 많으면 성적 향상에 도움을 주었다고 보는 것이 합리적이다. 또한 극단적인 값이 발생하지 않은 상황이면(예를 들어, 0점에서 100점이 되었다거나 그 반대의 상황), 전체 값의 합을 비교하는 것도 합리적이다. 그러나 단순히 가장 점수 차가 큰 두 명의 학생의 자료를 비교하는 것은 집단 전체를 대표하기에 부적절할 수 있다.

6 60명의 학생을 뽑을 때, 임의로 골라냈기 때문에 전체를 대표한다고 볼 수 있다.

7 의도가 들어간 표본은 믿을 수 없다.

> **지도상 유의점**
>
> 7. 전체에서 표본을 뽑을 때, 임의성이 강조된다. 아무런 의도가 포함되지 않은 무작위로 추출된 표본이 필요하다. 학생들은 "임의로"라는 말에 대한 이해가 다소 부족하다. "임의로"는 "아무렇게나"라는 의미인데, 오히려 의도가 들어간 표본을 제시해 주어서 그 의미를 알게 할 수도 있다.

8 우리반 전체(남녀 합반의 경우) – 남자들로만 이루어진 표본

국민 전체 – 어린이들로만 이루어진 표본, 노인들로만 이루어진 표본

2. 키가 크면 팔도 길다?

1

> **지도상 유의점**
>
> 1. 이 단원은 상관도에 대하여 알아보는 단원이다. 상관도란 서로 관계를 가지고 변화하는 두 양을 각각 가로축과 세로축에 설정하여 그래프 위의 점으로 나타낸 그림을 말한다. 여기서는 상관도라는 용어는 사용하지 않는다. 서로 관계를 가지고 있다고 판단되는 두 양을 그래프에 나타내 좀 더 확실한 근거를 얻을 수 있다.

2 주어진 자료에서 전체 길이는 120cm, 소매 길이는 65cm부터 시작하므로 그래프의 시작점에 맞추어 표시한다.

3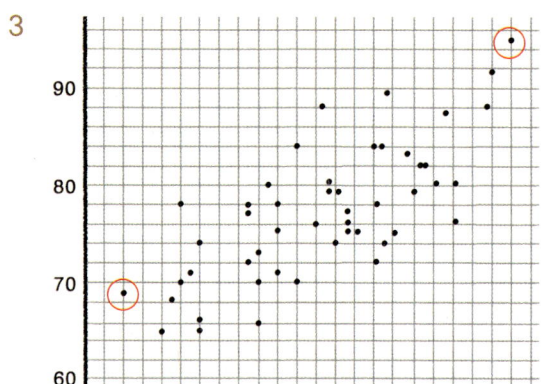

   (1) 소매 길이는 95cm. 가장 길다.

   (2) 소매 길이는 66cm. 가장 짧지는 않다.

4 (143, 79), (143, 80)인 점이 중간에 위치한 점이다.

> **지도상 유의점**
>
> 4. 이 점이 각 자료의 중앙값이며, 자료의 대푯값 역할을 한다. 중앙값은 자료를 크기 순으로 정리했을 때, 가장 쉽게 구할 수 있는 대푯값이다..

5 동의한다. 전반적으로 점의 흐름이 오른쪽으로 갈수록 위로 올라가고 있다. 이는 전체 길이가 길수록 소매 길이도 길어진다는 것을 나타낸다.

> **지도상 유의점**
>
> 5. 더 정확히 말하면 서로 증가하는 두 양의 관계를 '양의 상관관계'라 하며, 하나의 양이 증가할 때 다른 양이 감소하는 관계를 '음의 상관관계'라 한다. 여기서는 용어 설명은 하지 않으며, 자료를 그래프로 정리하고 두 양 사이에 어떤 관계가 있는가를 설명할 수 있으면 된다.

6 (1) 보통보다 소매 길이가 긴 점들이다.

(2) 보통보다 전체 길이가 긴 점들이다.

> **지도상 유의점**
>
> 6. 이와 같이 상관도에서 기준이 되는 선을 그어보면, 그 선의 위와 아래에 자리 잡고 있는 점들이 전체적인 성향보다 어떻게 얼마나 다른지 판단할 수 있다.

3. 유능한 선생님이 필요해

1. 적은 사람 : 차라희, 가장 많은 사람: 이민국, 정민우
2. 각자 생각하고 있는 바를 말한다. 대략 15~22개 정도의 수를 이야기 하면 자연스럽다. 표만 보고 찾기는 어렵다.
3. 수직선에 크기 순으로 배열하거나, 도수 분포표로 만든다.

    예 10개에서 20개 사이가 가장 많다.

강의 수	0이상~10미만	10이상~20미만	20이상~30미만	30이상~40미만
인원 수	5	12	10	3

    또는 구간의 길이를 달리하면 다른 답이 나올 수도 있다. 구간의 길이를 5로 하면 15개에서 20개 사이가 가장 많다.

> **지도상 유의점**
>
> 3. 여기서는 엄밀한 표나 그래프를 요구하는 것이 아니다. 대략 크기 순으로 정리하여 2번 문제에 대한 답을 어림할 수 있으면 된다. 도수 분포표라는 용어도 사용할 필요가 없으며, 1장에서 사용한 경험을 되살려 그릴 수 있으면 좋다.

4. 가장 자주 나타나는 강의 수와 적게 나타나는 강의 수를 쉽게 알 수 있다. 그러나 많고 적은 사람이 누군지는 알 수 없다.
5. 15와 22.
6. 자료가 대략 어느 구간에 몰려있는지 알 수 있어서 자료 전체의 경향을 파악할 수 있다. 그러나 처음의 자료가 적당한 구간으로 흡수되어 자세한 수치를 알 수 없다.

7 10의 자리의 수가 줄기 역할을 하고, 일의 자리의 수가 줄기에 달린 잎의 역할을 한다.

8

	강의 수
0	2 3 4 5 6
1	0 0 1 2 2 5 5 5 7 8 8 9
2	0 2 2 2 3 4 5 5 6 8
3	1 4 4

9 최빈값으로 15 또는 22를 고를 수 있다.

> **지도상 유의점**
> 9. 집단을 대표하는 값으로 어떤 값을 골라야 하는가는 상황에 따라 다를 수 있다. 여기서는 최빈값이 두 개이므로 그 중 하나의 값을 말한다. 이 단원에서는 평균과 중앙값도 다룰 것이다.

10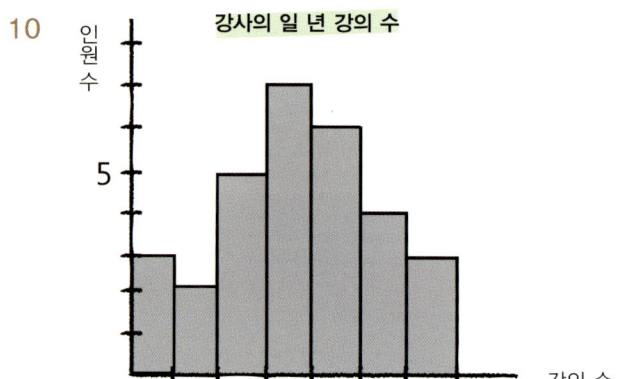

11 같은 점: 적당히 구간을 나누어 비슷한 자료끼리 모은다. 각 구간에 대하여 몇 개의 자료가 들어있는지 쉽게 알 수 있다.

다른 점: 줄기와 잎 그림은 각 자료의 숫자가 그대로 남아있는데, 히스토그램은 개수만 남을 뿐 고유의 숫자는 나타나지 않는다.

12 가로축의 간격이 다르다. 세로축의 숫자가 모두 다르다. 또는 직사각형의 가로의 길이가 다르다.

13 (1) 각각 5, 15, 38

(2) A 그래프가 가장 정확하다.

(3) A: 90~91점대가 가장 많다.

　　56~60점대 학생은 없다. 70점 이상인 학생이 절반 이상이다.

　B: 60~80점대 학생이 가장 많으며, 90점대 학생도 많은 편이다.

　　70점 이상이 대부분이다.

　C: 70점 이상이 절반보다 많다.

(4) 막대의 폭이 커지면 여러 구간을 통합하기 때문에 각 점수대별 자세한 정보를 얻기가 어렵다. 이 경우, 전체적으로 많고 적음만 대략 알 수 있다.

반면에 막대의 폭이 작아지면 개개인의 점수가 그대로 보존이 되는 효과가 있어서 자세한 정보를 얻을 수 있다. 그러나 지나치게 세밀한 경우 전체적인 윤곽을 잡는 데 어려울 수 있다.

> **지도상 유의점**
>
> 13. 여기서는 가장 적당한 계급의 구간이 어떤 것이냐의 문제를 다루고 있다. 자료의 수와 성질에 따라 계급의 구간과 개수를 정해야 한다. 이를 정하는 공식이 있으나 수준 이상의 정보이므로 생략한다. 여기서는 그려진 여러 가지 히스토그램을 보고 학생들이 적당하다고 판단할 수 있으면 된다.

14 (1) $\dfrac{4260}{60} = 71$　　(2) $\dfrac{4560}{60} = 76$

(3) 향상되었다고 할 수 있다.

(4) 전체의 양을 모든 사람에게 고루 나눈 결과이므로 전체를 대표한다고 할 수 있다.

15 평균은 전체의 양을 모든 사람에게 골고루 나눈 값이다. 그러므로 정확히 그 값을 가지고 있는 사람이 존재하지 않을 수도 있다.

16

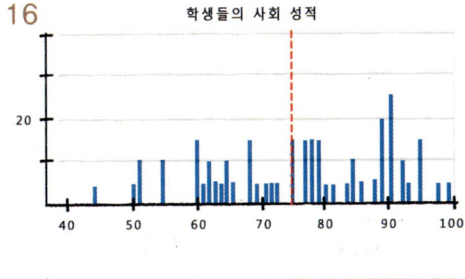

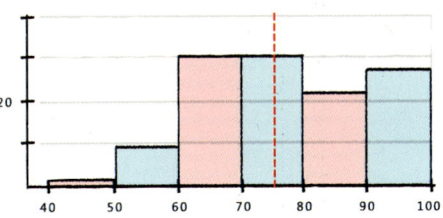

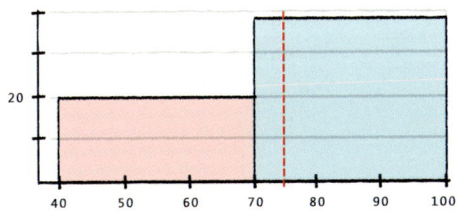

4. 평균에 대하여

1 평균은 4 정도일 것이다.

> **지도상 유의점**
>
> 1. 자료가 정상적으로 분포되어 있을 경우, 보통 평균은 중앙에 위치한다. 히스토그램을 그려보면 전체적인 분포가 보인다. 중앙을 기준으로 좌우가 비슷하면, 중앙값과 평균은 거의 비슷하다. 중앙보다 분포가 오른쪽으로 치우친 경우는 평균값이 중앙값보다 약간 크고, 왼쪽으로 치우친 경우는 그 반대다. 여기서는 치우친 정도까지 구별하라는 것이 아니며, 고루 분포된 히스토그램에서 어림으로 평균을 잡아내면 된다.

2 $\frac{76}{20} = 3.8$(시간) 위에서 추측한 4와 거의 비슷하다.

3 자료의 중앙에 위치하며, 전체를 대표할 수 있다.

4 (1)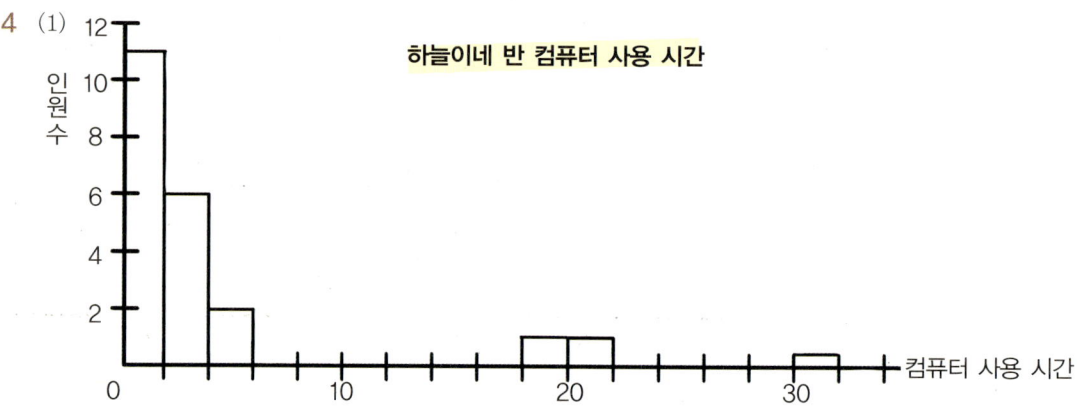

(2) 미진이네 반과 다른 점은 가운데 값이 없고, 양 끝으로 몰려있다. 특히, 자료의 수치가 적은 쪽으로 몰려있다.

5 30까지 자료가 있고, 적은 수치가 많으므로 중앙값인 15보다 작을 것이다. 대략 6~7. 실제 계산하면 $\frac{95}{22} ≒ 4.3$이다.

> **지도상 유의점**
>
> 5. 평균은 극단적인 값의 영향을 받는 값이다. 그래서 이에 대한 대비책을 제시하려는 것이 이 문제의 목적이다. 하늘이네 반 그래프를 보면, 자료가 0에서 30까지 퍼져있고 적은쪽으로 자료가 몰려있다. 이와 같은 경우에 학생들은 '0과 30의 중간보다 작은 값이 평균일 것이다' 정도만 추측하면 된다.

6 4.3시간이라는 값은 대부분의 학생들이 몰려있는 0~2시간대와 상당히 많은 차이가 있다. 이 경우에 자료를 대표한다고 보기 힘들다. 이 평균은 지나치게 많이 컴퓨터를 사용하고 있는 세 명의 학생들 때문에 얻어진 값이기 때문이다.

7 평균만 비교하면 하늘이네 반이 더 많이 컴퓨터 게임을 하고 있는 것으로 결론지을 수 있다. 그러나 하늘이네 반 대부분의 학생은 2시간 미만으로 사용하고 있다. 평균만으로 판단하기 어렵다.

8 미진이네 반 범위: 7-0=7, 평균 : 3.8
   하늘이네 반 범위: 30-0=30, 평균 : 4.3
   하늘이네 반이 평균은 높으나 범위도 크기 때문에 대부분의 학생들이 컴퓨터를 이용하는 시간은 평균보다 훨씬 적을 것이라고 추측할 수 있다.

9 범위가 9시간이고, 가장 적게 사용한 학생이 0시간이므로 최대로 사용한 시간은 9시간이다. 그러므로 아래 표와 같이 0과 9를 시작으로 적당한 시간을 생각하며, 평균보다 남고 모자라는 수를 생각한다.

예

시간	0	9	7	5	4	4	5	3	0	8	2	1
평균과의 차	4 부족	5 남음	3 남음	1 남음			1 남음	1 부족	4 부족	4 남음	2 부족	3 부족

평균과의 차를 모두 계산하면 0이므로 위 표의 자료의 평균은 4다.

5. 상자로 나타내 보자

1 12분

2 13분 또는 14분. 최빈값과 비슷하지만 일치하지는 않는다.

3 보통 두 값의 평균으로 읽는다.

> **지도상 유의점**
> 2. 자료가 홀수 개인 경우에는 중앙값이 한 개이지만, 짝수 개인 경우에는 중앙에 위치한 값이 두 개이다. 이 경우에는 두 값의 합을 2로 나눈 값을 중앙값으로 한다.

4 1과 23의 중간값은 12이다. 이는 중앙값과 같지 않다.

5

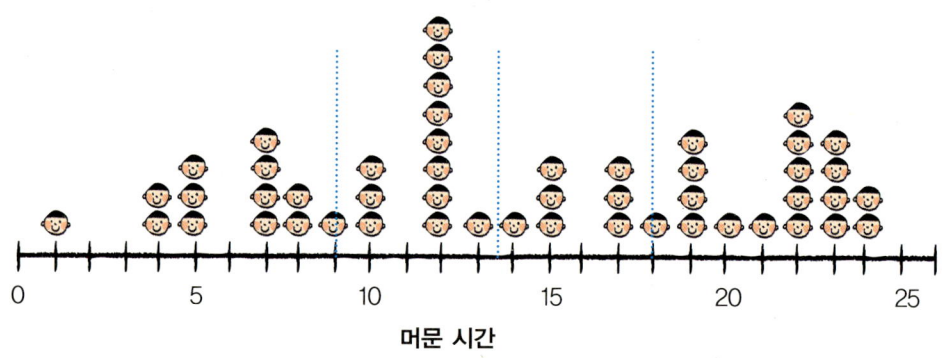

> **지도상 유의점**
> 5. 교재에 제시되어 있으나 학생들이 활동지를 통하여 실제로 작업을 해보는 것이 좋다. 상자 그래프는 우리나라 교육 과정에서는 소개하고 있지 않다.

6 전체를 4등분하고, 양 끝의 $\frac{1}{4}$이 속하는 부분을 선분으로 남겨 놓고, 중앙의 $\frac{1}{4}$이 속하는 부분을 상자로 만든다.

7 양 끝의 $\frac{1}{4}$ 부분을 나타낸다.

8 25명 전체의 $\frac{1}{2}$이다.

연습 문제

1 (1) 연간 평균 강설량이란 1년에 내린 눈의 양을 말하므로, 지난 10년 동안 내린 눈의 총량은 1.2×10=12(cm)이다.

(2) 평균이 1.2cm가 되도록 자료를 정한다.

예 아래처럼 평균을 기준으로 남고 모자라는 양을 똑같이 하면 간단하게 예를 만들 수 있다. (단위 cm)

연도	1998	1999	2000	2001	2002	2003	2004	2005	2006	2007
강설량	1.5	1.0	2.0	1.3	1.2	1.1	1.4	0.9	0.4	1.2
평균과의 차	0.3 남음	0.2 부족	0.8 남음	0.1 남음	0	0.1 부족	0.2 남음	0.3 부족	0.8 부족	0

(3) 눈이 오는 계절은 겨울이므로 강설량은 11, 12, 1, 2, 3월에만 측정할 수 있다. 그러므로 지난 10년간 눈이 내린 달을 조사한 후, 1년에 눈이 주로 내리는 달의 수로 연간 평균 강설량을 나누어야 월별 평균 강설량을 얻을 수 있다.

2
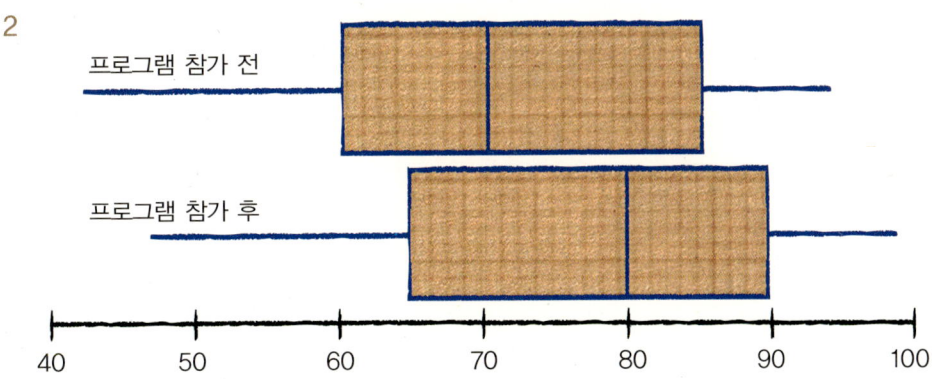

최저 점수와 최고 점수는 프로그램 참가 후가 모두 높고, 중앙의 $\frac{1}{2}$의 학생이 속하는 영역 또한 프로그램 참가 후가 오른쪽으로 치우쳐 있다. 따라서 프로그램에 참가한 후의 성적이 전반적으로 향상되었다는 것을 알 수 있다.

상상+논술

예 · 평균은 표본으로 뽑힌 사람들에 대하여 조사한 값을 모두 합하여 조사 인원 수로 나눈 값이다. 실제로 평균의 값을 가지고 있는 사람은 존재하지 않는 경우도 많다. 자녀의 경우, 1.7명을 가지고 있는 사람은 존재할 수 없다.

예 · 자료에 대한 전체적인 분석을 위해서는 표본을 뽑아서 조사를 한다. 그러나 국가에 대한 장기적인 계획을 세우고 비전을 제시하기 위해서는 어느 정도 정확한 조사가 필요하다. 따라서 나라에서는 정기적으로(자주 할 수는 없다) 모든 가정을 일일이 방문하는 전체 조사를 실시한다.

세 번째 이야기_ 박물관은 진화한다

> 이 단원에서는 공정함에 대하여 생각해보고, 어떤 일이 일어날 가능성을 살펴본다.

1. 어떤 것이 공정한가?

1 공정하게 순서를 정한다.

> **지도상 유의점**
> 1. 수학적인 대답을 필요로 하는 문제가 아니다. 어떤 결정을 내려야 하는데, 결정을 내리는 기준이 과연 무엇인가를 생각해 보는 문제이다. '공정함'의 의미가 들어있는 답을 이끌어 내면 충분하다.

2 공정하다.

3 주사위의 1의 눈은 한 가지 경우이고, 나머지의 눈은 다섯 가지의 경우가 있기 때문에 이와 같은 조건은 홍석이에게만 유리하다.

4 나름대로 공정하다고 할 수 있다. 아니면 성적과 무관한 사항에 대한 결정이므로 공정하지 못하다고 할 수 있다.

> **지도상 유의점**
> 4. 이 문제는 상황에 따라 또는 대상에 따라 공정하다고 느낄 수도 있고 그렇지 않게 느낄 수도 있는 문제다. 학생들이 자신의 입장에서 대답할 수 있으면 충분하고, 답은 입장에 따라 다르게 나올 수 있다.

5 동전 던지기, 제비뽑기 등 공정하게 사용할 수 있는 방법을 말한다.

6 6가지

7 경우가 똑같이 나오는 것을 골라야 한다.
   예 · 짝수와 홀수
       · 3이하의 수와 4이상의 수
       · 소수와 소수가 아닌 수

・던져서 큰 수가 나온 사람이 먼저 한다.

・특정한 수를 정해 놓고, 그 수가 나온 사람이 먼저 한다.

8 공정하다.

9 바닥이 평평해야한다든지. 병이 멈췄을 때 입구가 바라보는 방향의 어느 정도까지 각 사람의 영역으로 정해야 하는지와 같은 규칙을 정한다.

10 공정하다. 동전을 던지면 앞면과 뒷면 두 가지 경우가 나오기 때문이다.

> **지도상 유의점**
>
> 10. 경우가 두 가지 나오더라도 각각에 대한 가능성까지 일치해야 공정하다고 할 수 있다. 예를 들어 윷가락 한 개를 던졌을 때, 둥근 면이 바닥으로 가는 경우와 평평한 면이 바닥으로 가는 경우의 가능성은 같지 않다. 압정을 던졌을 때도 마찬가지이다. 그러나 여기서는 각 경우의 가능성을 따지지 않고 경험에 의한 판단을 하도록 한다. 가능성은 뒤에서 자세히 다룬다.

11 합당하지 않다.

현실적으로 일어날 가능성이 거의 없는 일은 고려하지 않는다.

12 공정하다.

3개씩 상자에 적힌 두 장의 종이 중에 어느 하나를 뽑을 경우는 $\frac{1}{2}$로 같기 때문이다.

13 같은 수만큼 붙여야 한다.

여기서 붙이는 위치는 상관없다.

14 공정하다. 각 영역에 화살이 멈출 가능성은 반반이기 때문이다.

15 공정하다. 경계선이 곡선이나 화살이 멈추었을 때, 화살 끝이 자리잡고 있는 영역에 따라 순서를 정하면 된다.

16 중심에서 같은 크기의 영역으로 3등분한다.

> **지도상 유의점**
>
> 16. 학생들이 중심각이 120°인 부채꼴의 모양을 생각해내면 충분하다. 정확하게 3등분된 회전판을 만들 필요는 없다. 그러나 간단히 '넓이가 3등분 되도록 나눈다'라고 해서는 안된다. 중심을 기준으로 나누어야 한다.

17 삼각형을 이용할 수 있다. 정삼각형을 이용하면 편리하다.

> **지도상 유의점**
>
> 17. 이때 삼각형의 모양은 관계없으며, 오른쪽 그림과 같이 삼각형의 외심을 기준으로 120도의 간격으로 구역을 나눈 후, 중심에 화살표를 놓으면 된다. 그리고 화살을 돌려서 화살의 끝이 멈춘 영역을 선책하면 된다.
> 그러나 삼각형의 세 꼭짓점을 활용하려면 정삼각형이 편하다.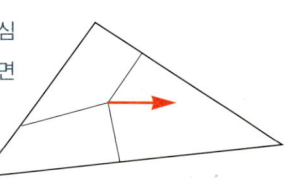

18 이용할 수 있다.

　예 여섯 개의 숫자 중 두 개씩 수를 고른다. 주사위를 한 번 던져 나온 수를 고른 사람이 먼저 한다.

　각자 주사위를 한 번씩 던져서 가장 큰 수가 나온 사람이 먼저 한다.

19 이용할 수 있다.

　예 동전을 각자 세 번 던져서 앞면의 수가 가장 많은 사람이 먼저 한다.

　동전을 한 번만 던져서는 세 가지 중에 하나를 고를 수 없다.

2. 가능성에 대하여

1

	전혀 가능성이 없다	잘 모르겠다.	확실히 일어날 가능성이 있다
①	☐	✓	☐
②	✓	☐	☐
③	☐	☐	✓
④	✓	☐	☐

> **지도상 유의점**
>
> 1. 여기서는 반드시 일어나는 경우와 절대로 일어나지 않는 경우를 판단한다. 이 두 가지 경우를 제외하고는 그 가능성을 확실히 알 수 없으며 여러 가지 조건에 따라 가능성의 정도를 판단한다.

2 (1) 가능성 0에 가깝게

　(2) 가능성 중간 정도

　(3) 그날 날씨에 따라 다르게, 가능성은 중간에

(4) 가능성 아주 많음에

(5) 가능성 없음에

3 각 번호의 위치는 아래 그림과 비슷하면 된다.

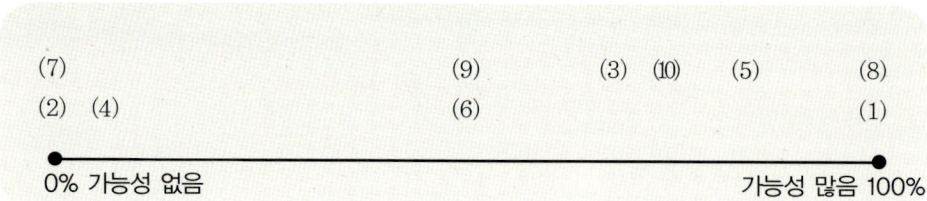

4 각 경우의 가능성을 분수로 나타내면 다음과 같다.

(1) $\frac{1}{6}$ (2) $\frac{1}{2}$ (3) $\frac{1}{2}$ (4) $\frac{4}{6}$ (5) 1 (6) $\frac{1}{6}$ (7) 0

> **지도상 유의점**
> 4. 여기서는 확률이라는 의미를 정의하지 않고 전체 중에 일어날 수 있는 경우의 수를 자연스럽게 생각하도록 한다. 학생들에게 "전체가 몇 가지인가?", "그 중에 몇 가지인가?"를 질문한다.

5 구름의 방

6 안정의 방

> **지도상 유의점**
> 6. 구름의 방에는 검은 타일의 수가 적고, 안정의 방에는 흰 타일의 수가 적으므로 금방 발견할 수 있다.

7 9개의 타일 중에서 검은색 타일은 3개이므로 가능성은 $\frac{3}{9} = \frac{1}{3}$ 이다.

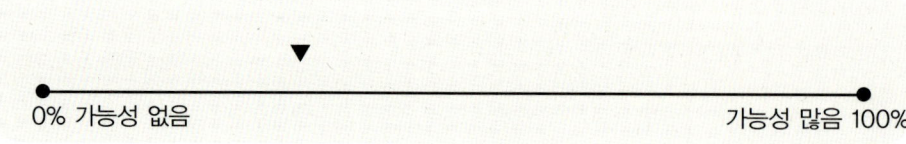

8 16개의 타일 중에서 검은색 타일은 4개이므로 가능성은 $\frac{4}{16}=\frac{1}{4}$ 이다.

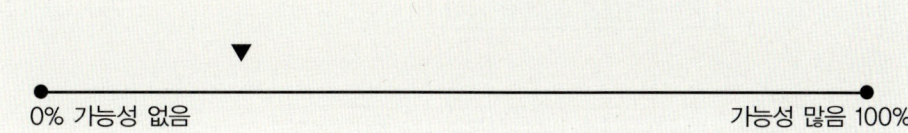

> **지도상 유의점**
> 8. 이제 자연스럽게 확률이라는 개념에 접근한다. 전체 중에 차지하는 부분의 개수를 분수로 나타낸 것이 그 사건에 대한 확률이며, 여러 가지 실례를 통해서 자연스럽게 알게 한다.

9 검은 타일 위에 멈출 가능성은 $\frac{11}{25}$ 이고, 흰 타일 위에 멈출 가능성은 $\frac{14}{25}$ 이므로 가능성은 다르다.

10 절반만큼 칠한다.

11 (1) 칠한 개수가 같다.

  (2) 색을 칠한 위치는 서로 다르다.

3. 몇 가지나 있을까?

1 각 전시실을 선택할 가능성은 같으므로 20명 중 절반이 선택할 것이다. 10명.

2 제1전시실을 선택한 사람의 절반이 선택할 것이다. 5명.

3 같을 것이다. 제3전시실과 제5전시실을 선택할 가능성은 같기 때문이다.

> **지도상 유의점**
> 3. 여기서는 사람들의 의도를 배제하고 최상의 전시물 중 어느 것을 선택해야 하는가라는 고민에 빠져서 임의로 선택하는 경우를 가정한다. 가장 이상적인 경우를 고려하는 것이다.

4 다음과 같다.

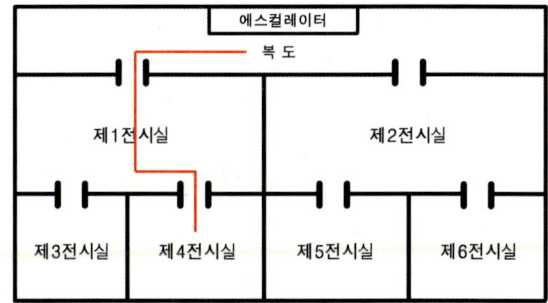

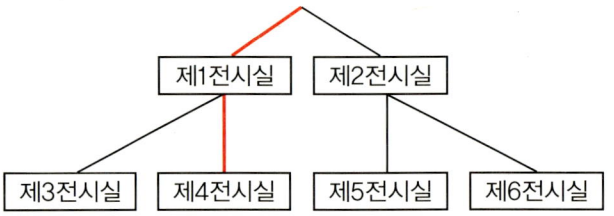

5 (1) 수형도는 다음과 같다.

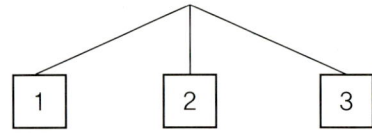

(2) 제1전시실을 택할 가능성은 $\frac{1}{3}$이므로 10명이다.

(3) $\frac{1}{3}$

> **지도상 유의점**
> 5. 여기서는 확률의 의미를 여러 가지 중에 하나를 골라야 하는 상황을 통해 자연스럽게 이해하도록 한다. 확률이라는 용어는 사용하지 않으며 가능성이라고 나타내기로 한다.

6 (1) 60명 중 절반이 선택할 것이다. 30명.

(2) 30명이 세 개의 전시실을 골고루 선택하므로 10명.

(3) 60명의 절반, 그 중의 $\frac{1}{3}$이 선택하므로 가능성은 $\frac{1}{6}$이다.

7 (1) 제1전시실을 선택할 가능성은 $\frac{1}{2}$이고, 다시 그 중의 $\frac{1}{3}$이 선택하므로 가능성은 $\frac{1}{6}$이다.

(2) 제2전시실을 선택한 사람의 절반이 제6전시실을 선택하므로 가능성은 $\frac{1}{4}$이다.

> **지도상 유의점**
> 7. 확률의 곱셈 정리를 이용하는 것이 아니라 50명의 사람이 왔다면 최종적으로 몇 명이 제3전시실과 제6전시실을 선택할 것인가를 생각하게 하여 가능성을 숫자로 나타내도록 한다.

8 12가지

9 일어날 수 있는 모든 경우를 적어본다.

(치즈, 콜라), (치즈, 사이다), (치즈, 주스)

(야채, 콜라), (야채, 사이다), (야채, 주스)

(새우, 콜라), (새우, 사이다), (새우, 주스)

(치킨, 콜라), (치킨, 사이다), (치킨, 주스)

10 (1), (2)

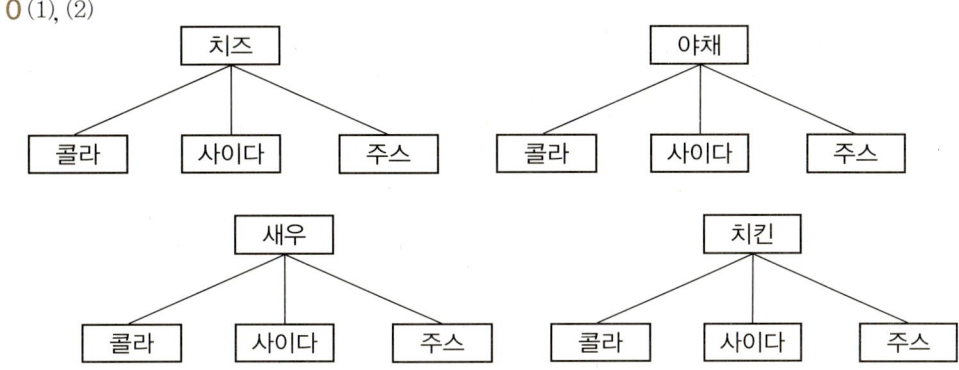

11 12개 중의 하나이므로 $\frac{1}{12}$이다.

12 옳지 않다.

13 60명 중 $\frac{1}{12}$이므로 5명이다.

14 각 경우마다 두 가지씩 더 그릴 수 있으므로 24가지다.

15 같다.

4. 즐거운 놀이

1 두 개의 주사위를 던졌을 때, 두 눈의 합이 될 수 있는 수는 2부터 12까지이다.

2 이 중 나올 가능성이 가장 많은 수를 고르는 것이 좋다.

> **지도상 유의점**
> 2. 문제에 대한 설명: 두 개의 주사위를 던졌을 때, 두 눈의 합 중에서 어느 값이 나올 가능성이 가장 큰가를 묻는 문제이다. 여기서는 가능성을 생각하지 않고 답을 해도 좋다. 학생들이 각자의 기준에 따라 숫자 하나를 고르면 된다. 그리고 여러 번의 게임의 통해 어떤 수가 많이 나타난다는 것을 경험적으로 파악한 후에 수학적인 접근을 한다.

3 각자 결과를 기록한다.

실제로 나타날 가능성이 높은 수를 택했다면 6회까지 놀이가 진행 됐을 때, 이긴 횟수가 많을 것이다.

4 공정하게 순서를 정할 수 있는 방법을 생각한다. 앞에서 배웠던 여러 공정한 방법을 생각해본다.

5 놀이를 하는 도중에 자주 나타난 수를 언급할 수도 있고, 수학적으로 가능성이 많은 수를 말해도 좋다.

> **지도상 유의점**
>
> 5. 아직 가능성을 계산하기 전이다. 놀이를 여러 차례 반복해보면, 두 눈의 합으로 자주 나오는 수가 있다는 것을 알게 된다. 문제 6번에서 계산이 되겠지만, 두 눈의 합이 7인 경우가 나올 가능성이 가장 높다. 실제 놀이에서도 두 눈의 합이 7인 경우가 자주 나타날 것이다. 경험에 의하여 자주 나오는 수를 알아내고, 처음에 정한 수를 바꿀 수 있다면 7로 바꾼다.

6

	1	2	3	4	5	6
6	7	8	9	10	11	12
5	6	7	8	9	10	11
4	5	6	7	8	9	10
3	4	5	6	7	8	9
2	3	4	5	6	7	8
1	2	3	4	5	6	7

7 36가지

8 다섯 가지 (2, 6), (3, 5), (4, 4), (5, 3), (6, 2)

9 7을 고르는 것이 좋다. 왜냐하면 가장 많이 나오기 때문이다.

10 36가지 중에서 6가지이므로 $\frac{6}{36}=\frac{1}{6}$이다.

11 합이 7이 나올 가능성은 $\frac{6}{36}$이고, 합이 12가 나올 가능성은 $\frac{1}{36}$이므로 합이 7이 나올 가능성이 더 많다.

연습 문제

1. **예** 시험을 볼 때, 육각형 모양의 연필을 굴리면 결과는 어느 특정한 면에 의지하지 않고 공정하게 나온다고 볼 수 있다.

   윷 하나를 던져서 등이나 배가 나오는 결과에 따라 우선 순위를 정하기는 공정하지 않다. 윷의 등과 배가 나올 가능성은 서로 절반이라고 말하기 어렵기 때문이다.

   분단 뒷정리 문제는 각자의 의견을 제시해 본다.

2. (1) 원이 6개로 등분되어 있으므로 6명이나 3명, 2명이 하기에 적당하다.

   (2) 6개 중 하나이므로 $\frac{1}{6}$이다.

   백분율로는 정확하게 표현하기 어렵기 때문에 분수로 나타내는 것이 좋다.

   (3) 검은색을 선택할 가능성은 $\frac{1}{6}$이므로 36개의 타일 중 $\frac{1}{6}$에 해당하는 여섯 칸을 칠한다.

3. (1) 1

   (2) 3

   (3) 절반 정도 나와야 하므로 5000번 정도 나올 것이다.

   (4) 절반 정도 나와야 한다. $\frac{1}{2}$이다.

   (5) 그렇다고 말할 수 없다.

4. (1)

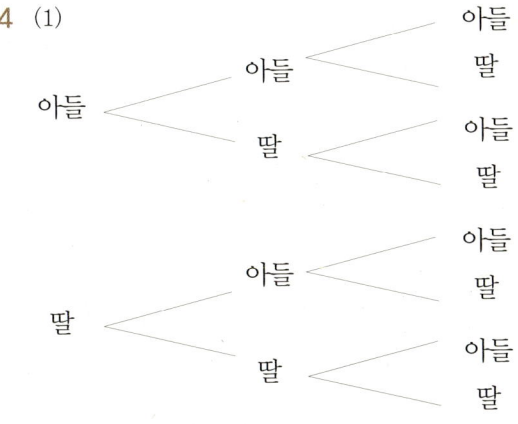

   > **지도상 유의점**
   > 4. (1) 수형도는 가로나 세로 어느 쪽으로도 나타낼 수 있으며 설명하기 편리한 방법을 사용한다.

   (2) 아들만 세 명일 가능성은 $\frac{1}{8}$이므로 200의 $\frac{1}{8}$을 계산한다. 25가구다.

   (3) 아들 한 명, 딸 두 명일 가능성은 $\frac{3}{8}$이므로 200가구의 $\frac{3}{8}$을 계산한다. 75가구다.

   (4) 같다. 수형도를 보면 알 수 있다. 가능성이 똑같이 $\frac{3}{8}$이다.

5 동전을 네 번 던져서 나올 수 있는 모든 경우를 수형도로 나타내면 다음과 같다.

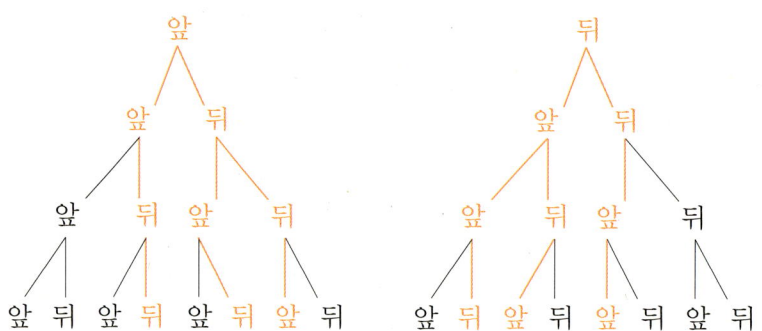

일어날 가능성이 가장 많은 것은 앞, 앞, 뒤, 뒤 이다. 위의 수형도에 표시된 그대로 위치를 옮기면 오른쪽 그림에 표시된 부분이다. 따라서 그림에 표시된 지역을 파 보는 것이 유리하다.

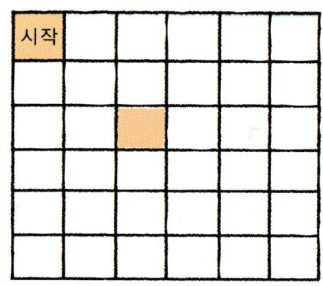

상상+논술

예 · 동전 던지기로 공격을 정하는 방법
　　· 한 세트마다 코트를 교대로 차지하는 방법

> **지도상 유의점**
> 1. 여러 스포츠 경기에서 공정한 경기를 위한 방법을 이야기해 본다.

예 · 비 올 확률이란 그 날 비가 올 가능성을 말하는 것이다. 그러므로 확률이 높으면 비 올 가능성이 많다는 의미이다. 우산을 챙겨야 한다.

> **지도상 유의점**
> 2. 일기 예보에서 비 올 확률이라는 것은 그 날 비가 올 가능성을 말하는 것이다. 기상청 발표에서 '비 올 확률'의 의미는 교재 〈백분율〉에서 언급하고 있다. 학생들과 함께 기상청 사이트에서 여러 가지 가능성에 대한 의미를 공부해 보는 것도 좋다.